영혼은 고요함을 좋아한다

영혼은 고요함을 좋아한다

지은이 | 강준민
초판 발행 | 2026. 4. 8.
등록번호 | 제1988-000080호
등록된 곳 | 서울특별시 용산구 서빙고로65길 38 두란노빌딩
발행처 | 사단법인 두란노서원
영업부 | 02)2078-3333   FAX | 080-749-3705
출판부 | 02)2078-3331

책값은 뒤표지에 있습니다.
ISBN 978-89-531-5291-5   03230

독자의 의견을 기다립니다.
tpress@duranno.com   www.duranno.com

두란노서원은 바울 사도가 3차 전도여행 때 에베소에서 성령 받은 제자들을 따로 세워 하나님의 말씀으로 양육하
던 장소입니다. 사도행전 19장 8-20절의 정신에 따라 첫째 목회자를 돕는 사역과 평신도를 훈련시키는 사역, 둘째
세계선교(TIM)와 문서선교(단행본·잡지) 사역, 셋째 예수문화 및 경배와 찬양 사역, 그리고 가정·상담 사역 등을
감당하고 있습니다. 1980년 12월 22일에 창립된 두란노서원은 주님 오실 때까지 이 사역들을 계속할 것입니다.

고요한 마음을 가꾸는 지혜

영혼은
고요함을
좋아한다

강준민

두란노

contents

contents

2장
관계 속에서 지혜가 자랍니다

contents

contents

마음이 소란하면
은혜의 생수를 마시지 못합니다

영혼은 고요함을 좋아합니다. 우리가 살아가는 시대는 너무나 분주합니다. 먹거리는 많아졌지만 마음은 더 공허해졌고, 접촉은 쉬워졌지만 영혼은 더 외로워졌습니다. 저는 오랜 시간 목회의 삶을 통해 한 가지 사실을 깨달았습니다. 영혼은 고요함을 좋아한다는 것입니다. 영혼은 소음 속에서는 자라나지 않습니다. 영혼은 고요 속에서 숨 쉬고, 고요 속에서 회복됩니다.

우리는 깊이를 상실한 시대에 살고 있습니다. 도파민에 이끌려 끊임없이 자극을 찾습니다. 그러나 강렬함과 빠른 속도는 우리에게 안식을 주지 못합니다. 하나님은 우리의 목자가 되십니다. 목자는 양의 마음을 압니다. 양이 얼마나 쉽게 놀라고, 얼마나 쉽게 불안해하는지를 아십니다. 그래서 하나님은 우리를 푸른 초장뿐 아니라 쉴 만한 물가로 인도하십니다. 양은 시끄러운 물가에서는 물을 마시지 못하기 때문입니다.

우리 영혼도 이와 같습니다. 마음이 소란하면, 은혜의 생수를 마시지 못합니다. 풍성한 생명을 누리지 못합니다. 그러나 영혼이 고요해질 때, 우리는 안식을 경험합니다. 고요를 가꾼 영혼은 잔잔한 호수와도 같습니다. 맑고 깊어집니다. 그 맑은 수면 위로 하늘이 비칩니다.

지혜는 고요한 영혼에 머뭅니다. 깨달음은 조용히 경청하는 마음에 찾아옵니다. 고요해질 때, 우리는 비로소 봅니다. 그동안 보지 못했던 것을 보고, 늘 보던 것을 새롭게 보게 됩니다. 작은 모래알 속에서 우주를 보고, 작은 잎사귀의 흔들림 속에서 하늘의 떨림을 느끼게 됩니다. 이것이 고요가 주는 선물입니다.

고요는 강렬하지 않습니다. 그러나 깊습니다. 고요는 화려하지 않습니다. 그러나 오래갑니다. 고요는 자극적이지 않습니다. 그러나 영혼을 살립니다. 고요가 주는 기쁨은 소리 없는 기쁨이며, 상처를 치유하는 거룩한 기쁨입니다.

나이가 들어갈수록 사람은 큰 소리보다 깊은 고요를 사랑하게 됩니다. 많이 말하는 것보다 깊이 바라보는 것이 좋아집니다. 고요한 눈빛, 고요한 사랑, 고요한 평화가 삶을 더욱 풍성하게 만듦을 깨닫게 됩니다.

이 책은 제가 가장 사랑하는 사람에게 쓰는 편지입니다. 그 사람은 바로 지금 이 글을 읽고 있는 당신입니다. 이 책을 덮을 때쯤, 당신의 영혼과 삶이 조금 더 고요해지길 바랍니다. 꾸준히 지속되는 은은한 사랑과 깊은 맛을 경험하길 원합니다. 멈출 때만 보이는 것들을 발견하고, 은은하게 흐르는 깊은 기쁨을 경험하길 바랍니다. 그래서 당신의 마음에 하늘의 평강이 머물고, 당신의 삶에 깊고 잔잔한 기쁨이 흐르기를 조용히 기도합니다.

한 권의 책은 한 생명이 태어나는 것과 같습니다. 이 책이 태어나도록 도와준 두란노 가족에게 깊이 감사드립니다. 함께 기도해 주신 새생명비전교회 가족들, 사랑하는 아내와 두 딸, 사위, 그리고 네 손주에게도 진심으로 고마움을 전합니다. 연약한 저를 붙드시고, 마음에 글을 심어 주신 하나님께 모든 영광을 올려 드립니다.

로스앤젤레스에서
강준민 드림

1장

고갈되기 전에 잠시 멈추십시오

영혼은
고요함을 좋아합니다

인생은 어렵습니다. 고난이라는 손님이 예고도 없이 찾아옵니다. 예측할 수가 없으니 불안합니다. 그런 까닭에 우리 마음은 요동합니다. 마음이 흔들리면, 세상도 흔들립니다. 그러나 세상이 흔들리는 것보다 마음의 흔들림이 더욱 위험합니다. 우리 인간은 영적인 존재이기 때문입니다. 눈에 보이지 않는 생각과 마음과 영혼이 중요합니다.

그래서 마음을 잘 다스려야 합니다. 성경은 "노하기를 더디하는 자는 용사보다 낫고 자기의 마음을 다스리는 자는 성을 빼앗는 자보다 나으니라"(잠 16:32)라고 말합니다. 또 "모든 지킬 만한 것 중에 더욱 네 마음을 지키라 생명의 근원이 이에서 남이니라"(잠 4:23)라고도 말합니다.

저는 오랫동안 영혼 관리에 관심을 가져왔습니다. 영혼 관리는 곧 마음 관리입니다. 영혼 관리는 곧 생각 관리입니다. 생각 관리는 곧 감정 관리입니다. 생각이 감정을 만듭니다. 마음 관리는 곧 언어 관리입니다. 우리는 "마음에 가득한 것을 입으로"(눅 6:45) 말합니다. 그러므로 언어 관리는 곧 인생 관리입니다. 우리가 말하는 것이 현실이 되고, 미래가 됩니다.

저는 인간의 영혼은 고요함을 좋아한다는 사실을 깨달았습니다. 영혼은 너무 시끄러운 것을 싫어합니다. 허둥대며 정신없이 바쁘게 움직이는 것을 싫어합니다. 영혼은 고요 속에 자랍니다. 우리가 가장 먼저 돌보아야 할 것은 바로 영혼입니다. 영혼이 건강할 때, 우리 마음과 몸도 건강해집니다. 우리는 건강한 영혼을 위해 고요한 마음을 가꾸는 지혜를 배워야 합니다.

저는 고요한 마음을 좋아합니다. 마음에 고요가 깃들면 하늘의 평강을 경험하게 됩니다. 고요한 마음은 평화로운 마음입니다. 고요한 마음은 잔잔한 마음입니다. 고요한 마음은 쉴만한 마음입니다. 다윗은 하나님이 우리의 목자가 되셔서 쉴 만한 물가로 인도하신다고 노래했습니다.

고요를 가꾸기 위해서는 고요에 관심을 가져야 합니다. 모든 것은 관심에서 시작됩니다. 고요에 관심을 가지면, 고요의 세계가 열립니다. 그러면 고요를 좋아하게 되고, 고요를 사랑하게 됩니다. 고요에 관심을 가지면, 고요가 주는 유익을 깨닫게 됩니다. 고요는 우리 삶을 풍성케 해 주는 은혜의 수단입니다.

침묵은
하나님의 언어입니다

어떻게 하면 우리 내면에 고요함을 가꿀 수 있을까요?

고요한 마음을 가꾸려면, 침묵의 시간을 가져야 합니다. 침묵은 하나님의 언어입니다. 침묵은 내면의 성소로 들어가는 열쇠입니다. 침묵하는 중에 내면의 성소로 들어가면, 고요를 경험하게 됩니다. 내면의 성소로 들어간다는 것은 내면의 중심부로 들어간다는 뜻입니다. 내면의 중심부는 언제나 고요합니다.

프랑스 철학자 블레즈 파스칼(Blaise Pascal)은 "인간이 불행해지는 이유는 방 안에 홀로 가만히 있을 줄 모르기 때문"이라고 말했습니다. 하나님 앞에 홀로 있어야 비로소 깊은 침묵 속으로 들어가게 됩니다. 깊은 침묵 속에서 깊은 고요함을 경험합니다. 그 속에서 우리 영혼은 고요해지고, 안식을 얻습니다. 고요한 마음으로 보고 들을 때, 우리 영혼이 힘을 얻습니다.

또한 침묵은 하나님의 아이디어입니다. 침묵은 하나님께로부터 나와서 하나님께로 돌아갑니다. 하나님은 말씀하시는 하나님이면서 동시에 침묵하시는 하나님입니다. 하나님은 깊은 침묵 중에 말씀하십니다. 그 말씀이 천지를 창조했습니다. 지금도 하나님은 깊은 침묵 속에서 말씀하심으로써 우리 영혼을 소생시키십니다. 예수님은 자주 홀로 있는 시간을 가지면서 침묵하셨습니다. 예수님은 대화 중에도 필요할 때마다 침묵하셨습니다. 침묵은 예수님의 지혜였고, 예수님의 영광이었습니다. 우리는 예수님의 침묵을 통해 거룩함의 무게를 느낍니다.

침묵할 줄 아는 사람은 지혜로운 사람입니다. 침묵에는 외적 침묵과 내적 침묵이 있습니다. 외적 침묵은 말하지 않는 침묵입니다. 잠시 말하지 않고 지내는 것입니다. 말을 아끼는 것입니다. 외적 침묵보다 더 어려운 것이 내적 침묵입니다. 내적 침묵이란 마음으로 말하는 것을 멈추는 것입니다.

우리는 마음으로 대화합니다. 마음으로 남의 일에 참견하고, 남을 판단하고, 남을 비판합니다. 겉으로는 침묵하는 것처럼 보이는데, 속으로 말을 많이 하는 사람들을 만납니다. 어떤 침묵은 교만합니다. 우리는 누구를 만나면 그 사람을 순식간에 판단하고 비판하는 경향이 있습니다. 말은 하지 않지만, 속으로 상대방을 우습게 여기고, 비아냥거립니다. 이런 침묵은 좋은 침묵이 아닙니다.

마음의 고요는 사람들을 함부로 판단하고 비판하고 비방할 때 깨어집니다. 고요한 마음을 가꾸기 위해서는 만나는 사람들을 함부로 판단하거나 속으로 빈정대는 일을 내려놓아야 합니다. 남의 일에 참견하지만 않아도 많은 에너지를 절약할 수 있습니다.

고요한 마음을 가꾸기 위해서는 내적 침묵 속으로 들어가야 합니다. 내적 침묵에 이르기 위해서는 마음의 무거운 짐들을 하나님 앞에 내려놓아야 합니다. 걱정을 기도로 바꾸어야 합니다. 하나님께 마음의 근심을 조용히 올려 드리면서 마음이 고요해지길 기다려야 합니다. 처음에는 수많은 소리가 내면에서 솟구쳐 올라오는 것을 느낍니다. 입은 다물었지만, 속으로는 소리치고 싶은 격렬한 충동을 느낄 수도 있습니다. 마치 거센 파도가 밀려오는 것 같을 수도 있습니다. 그런 느낌을 조용히 바라보면서 계속 기다리십시오. 여러 감정과 생각의 퍼레이드가 그냥 지나가도록 기다리십시오. 한참 기다리다 보면 고요해집니다. 잔잔한 호수와 같이 우리 마음도 고요해집니다.

침묵하면 고요해지고, 고요해지면 잘 듣게 됩니다. 침묵하면 잘 보게 됩니다. 침묵하면 깨닫게 됩니다. 침묵하면 내면의 불꽃을 잘 가꿀 수 있게 됩니다. 지혜로운 사람은 자신 안에 조용히 타오르는 불꽃을 잘 가꿀 줄 압니다. 우리 내면에는 하나님의 불꽃이 있습니다. 이 불꽃은 말을 많이 할수록 시듭니다. 우리 안에는 성스러운 기운이 있는데, 이것은 말을 많이 하면 빠져나가기 마련입니다. 특별히 더러운 말이나 무익한 말을 내뱉거나 화내거나, 짜증 낼 때, 성스러운 기운이 빠져나가는 것을 경험합니다. 우리 내면의 불꽃과 성스러운 기운을 아끼는 길은 침묵하는 것입니다.

우리는 함부로 내뱉은 말을 수습하느라 많은 시간과 엄청난 에너지를 소모하곤 합니다. 저는 목회자이기 때문에 말을 많이 할 수밖에 없습니다. 설교해야 하고, 가르쳐야 하고, 격려해야 하고, 때로는 책망도 해야 합니다. 그런데 말을 많이 하고 나면, 후회할 일이 생기곤 합니다. 사막 교부 아르세니우스(Arsenius)는 "나는 종종 말한 것을 후회할 때가 있습니다. 그러나 침묵을 지킨 것에 대해서는 결코 후회해 본 적이 없습니다"라고 말했습니다. 저도 그렇습니다. 침묵한 일에 대해 후회한 적은 거의 없습니다. 침묵해야 말실수를 줄일 수 있습니다.

참된 침묵은 겸손한 침묵입니다. 잘 듣기 위해, 상대방을 이해하고 배려하기 위해 침묵하는 것입니다. 참된 침묵은 말하지 않기 위해서가 아니라 잘 말하기 위해서 하는 것입니다. 사람을 살리고, 사람을 세우고, 사람의 상처를 치유하는 말을 하기 위해서입니다. 덕을 세우는 말, 은혜로운 말, 공동체를 건강하게 세우는 말을 하기 위해서입니다.

그리스도인이 침묵해야 하는 가장 중요한 이유는 "나의 반석이시요 나의 구원이시요 나의 요새"이신 하나님을 잠잠히 바라보기 위해서입니다(시 62:1-2). 하나님과 친밀한 교제를 나누기 위해서입니다. 하나님을 앙망하는 가운데 하나님이 주시는 힘을 공급받을 때 우리는 내적 확신을 갖게 됩니다. 하나님과 교제하는 가운데 하나님의 사랑을 충분히 경험하면, 우리는 사람들의 불완전한 사랑에 집착하지 않게 됩니다. 오히려 내면의 충만한 하나님의 사랑으로 이웃을 더 잘 섬기게 됩니다. 고요한 확신 속에서 사람들을 사랑하게 됩니다.

멈춤의 은혜로
새로 시작합니다

우리는 빠른 속도에 중독되어 있습니다. 더 빠른 속도를 찾고 있습니다. 그렇다고 속도가 무조건 나쁘다는 뜻은 아닙니다. 사람이 위험에 처하면, 구급차를 속히 불러야 합니다. 중요한 것은 적절함과 균형입니다. 가속(加速)이든 과속(過速)이든 너무 빠른 것은 위험합니다. 과속, 지나친 분주함, 시끄러움 등이 고요함을 깨뜨리기 때문입니다. 속도보다 중요한 것은 방향입니다.

좌회전이든 우회전이든 방향을 바꾸려면, 잠시 멈춰야 하듯이 인생의 궤도를 수정할 때도 잠시 멈추어야 합니다. 그래야 하나님의 음성을 들을 수 있습니다. 하나님의 인도하심을 받게 됩니다. 그래서 하나님은 때로 멈춤의 은혜를 베푸십니다.

홍수로 큰 물난리를 겪으면, 비가 멈추는 것이 은혜임을 깨닫습니다. 비가 멈추지 않으면 댐이 무너집니다. 작은 댐이 무너져도 문제인데, 큰 댐이 무너지면 재난으로 이어집니다. 몸의 상처에서 피가 멈추지 않으면 위험합니다. 몇 년 전에 심방세동 시술을 받았는데, 당시 의사가 가장 신경 쓴 것은 시술 부위의 지혈(止血)이었습니다. 온전한 지혈을 위해 6시간 동안 꼼짝하지 못하게 했습니다. 피가 온전히 멈춘 것을 거듭 확인한 후에야 퇴원을 허락해 주었습니다. 멈춤이 은혜입니다.

무엇인가 잘 풀리지 않고 있다면, 잠시 멈춰야 합니다. 잠시 멈춰 자신과 자신이 하고 있는 일을 돌아보아야 합니다. 멈추어 서서 지금 자신이 어디에 있으며, 무엇이 문제이며, 어디를 향해 가고 있는지를 점검해야 합니다.

하나님이 멈추게 하실 때, 멈추는 것이 지혜입니다. 다윗이 밧세바를 범하고 우리야를 죽이는 죄를 범했습니다. 자기 죄를 덮기 위해 그가 섬겨야 할 하나님의 백성을 죽인 것입니다. 하나님이 다윗을 긍휼히 여기셔서 선지자 나단을 보내어 그의 죄를 책망하셨습니다. 다윗은 하나님 앞에서 철저히 회개했습니다. 하나님이 다윗의 회개를 받으시고, 그의 죄를 용서해 주셨습니다. 하지만 그와 밧세바 사이에서 태어난 첫아들을 데려가셨습니다. 하나님은 그의 죄를 용서해 주셨지만, 그가 범한 죄의 열매는 거두게 하셨습니다. 다윗은 그날 이후로 더 이상 간음죄를 범하지 않았습니다. 하나님이 멈추게 하실 때, 멈출 줄 알아야 합니다. 멈추지 않고 계속 죄를 범하면, 더 큰 비극을 초래할 수 있습니다.

인간은 어리석어서 잘못된 길인 것을 알고도 멈추지 않을 때가 많습니다. 탐욕 때문입니다. 아담과 하와가 선악과를 따 먹은 것도 탐욕 때문입니다. 하나님이 모든 것을 주시고 딱 한 가지만 금하셨습니다. 그것은 선악과입니다. 그들은 하나님이 금하신 선악과에 집착하느라 하나님이 주신 모든 축복을 망각했습니다. 그들에게 주신 사명을 망각했습니다. 이토록 탐욕이 무서운 것입니다.

탐욕은 잘못된 시선에서 시작됩니다. 성경은 뱀의 유혹을 받은 "여자가 그 나무를 본즉 먹음직도 하고 보암직도 하고 지혜롭게 할 만큼 탐스럽기도 한 나무인지라 여자가 그 열매를 따 먹고 자기와 함께 있는 남편에게도"(창 3:6) 주었다고 기록하고 있습니다. 인생의 문제는 시선의 문제입니다. 만약 아담과 하와가 선악과 대신 생명나무를 바라보았다면 선악과를 따 먹는 죄를 범하지 않았을 것입니다. 그러므로 잘 멈추기 위해서는 시선을 주의해야 합니다.

하나님은 십자가에서 멈춤의 은혜를 베풀어 주셨습니다. 십자가는 멈춤의 장소입니다. 하나님의 저주가 멈춘 곳이 십자가입니다. 진노의 심판이 멈춘 곳이 십자가입니다. 하나님의 형벌이 멈춘 곳이 십자가입니다. 예수님이 우리를 위해 저주와 진노의 심판과 형벌을 대신 받으신 덕분입니다. 십자가는 멈춤의 장소이면서 또한 축복의 장소입니다.

멈춤은 끝이 아닙니다. 멈춤이 있은 후에는 새로운 시작이 있어야 합니다. 나쁜 일은 멈춰야 합니다. 그리고 좋은 일이 새롭게 시작되어야 합니다.

우리가 멈춤의 은혜를 누리기 위해서는 절제할 줄 알아야 합니다. 인생 문제의 대부분은 욕망과 분노를 잘 다스리지 못하는 데서 옵니다. 절제란 욕망과 분노를 다스리는 능력이요 멈출 줄 아는 능력입니다.

절제는 성령의 열매 중 하나로 행복의 비밀입니다(갈 5:23). 독일의 문호 괴테(Johann Wolfgang von Goethe)는 "진정한 행복은 절제에서 나온다"라고 말했습니다. 절제는 자족의 비밀입니다. 절제할 줄 아는 사람은 주어진 것에 만족합니다. 주어진 것에 감사합니다. 절제할 줄 아는 사람은 자신이 소유한 것을 즐길 줄 압니다. 계속해서 새로운 것만 추구하는 사람은 이미 주어진 것을 미처 누리지 못합니다. 새로운 것이 좋은 것이 아니라 좋은 것이 좋은 것입니다. 남의 손에 있는 것이 좋은 것이 아니라 자기 손에 있는 것이 좋은 것입니다.

가장 좋은 차는 브레이크가 좋은 차입니다. 브레이크가 좋은 차는 멈추어야 할 때 멈출 수 있습니다. 멈추어야 할 때, 멈출 줄 아는 사람이 지혜로운 사람입니다.

내려놓음은
삶의 예술입니다

고요한 마음을 가꾸기 위해서는 마음의 무거운 짐을 내려 놓아야 합니다. 과거에 받은 상처들이 무거운 짐이 되어 마음을 억누르곤 합니다. 상처는 미움, 원망, 우울, 실망, 좌절, 그리고 복수심을 만듭니다. 상처를 준 사람들에 대한 분노가 만들어 낸 짐입니다. 그 무거운 짐들을 하나님께 내려놓아야 합니다. 내려놓을 때 하나님이 치유해 주십니다.

예수님은 수고하고 무거운 짐 진 사람들에게 안식을 주시는 분입니다(마 11:28). 예수님이 주시는 안식은 육체적 안식뿐 아니라 마음의 안식도 있습니다. 예수님은 "너희 마음이 쉼을 얻으리니"(마 11:29)라고 말씀하십니다. 마음이 안식을 누리면, 육체가 더욱 건강해집니다. 마음과 몸이 연결되어 있기 때문입니다.

내려놓음은 힘을 빼는 예술입니다. 무엇이든 힘이 너무 들어가면 문제가 됩니다. 결혼 생활에서 눈에 너무 힘이 들어

가면 문제가 생기고, 운동하거나 연주할 때 힘이 너무 들어가면 최상의 솜씨를 발휘할 수 없습니다. 설교도 육의 힘이 너무 들어가면, 듣는 분들을 힘들게 합니다. 최상의 아름다움은 자연스러움에 있습니다. 자연스러움은 힘을 너무 쓰지 않는 것입니다.

항상 행복해야 하고, 항상 건강해야 하고, 항상 에너지가 넘쳐야 한다는 집착을 내려놓으십시오. 항상 내가 옳다는 생각을 내려놓으십시오. 인생살이는 그렇게 쉽거나 만만하지 않습니다. 모든 일이 항상 잘될 수는 없습니다. 밀물과 썰물이 교차하는 것이 인생입니다. 성공할 때가 있고, 실패할 때가 있습니다. 항상 잘되어야 한다는 생각을 내려놓아야 마음에 여유가 생깁니다. 중요한 것은 흐름에 자신을 맡기는 것입니다. 그때 우리 마음이 고요해집니다. 고요한 마음은 천국을 맛보는 길입니다.

내려놓음은 삶의 예술입니다. 내려놓기는 생각보다 쉽지 않습니다. 내려놓기보다는 오히려 무거운 짐을 더 짊어집니다. 내려놓기보다는 집착합니다. 내려놓기보다는 움켜쥡니다. 인생의 짐을 내려놓기 위해서는 지혜가 필요합니다. 내려놓음은 하나님의 은혜로 가능합니다. 내려놓음이 얼마나 큰 복인가를 깨달아야 합니다. 내려놓음은 자포자기가 아닙니다. 오히려 풍성한 삶으로 들어가는 길입니다. 움켜쥐지 않고 내려놓을 때, 우리의 에너지와 집중력이 놀랄 만큼 커집니다. 제가 내려놓음에 관한 글을 정기적으로 쓰는 이유는 내려놓음이 그만큼 어렵기 때문입니다.

인생에서 우리 힘으로는 결코 해결할 수 없는 일을 가끔 만납니다. 우리는 연약하고 유한한 인간입니다. 인생의 무거운 짐을 스스로 감당할 수 있을 만큼 전지전능하지 않습니다. 인간은 완벽하지 않습니다. 자신이 해결할 수 있는 문제는 스스로 해결하는 것이 좋지만, 도저히 감당할 수 없는 무거운 짐은 하나님께 맡겨야 합니다. 내려놓음은 무거운 짐을 하나님께 내어 맡기는 것입니다. 하나님은 우리의 무거운 짐을 대신 담당해 주길 원하십니다. 우리는 날마다 기도함으로써 무거운 짐을 하나님께 맡겨야 합니다. 시편 기자는 "날마다 우리 짐을 지시는 주 곧 우리의 구원이신 하나님을 찬송할지로다"(시 68:19)라고 노래했습니다.

어느 날 저는 남을 판단하고, 오해하고, 미워하고, 비판하고, 남의 일에 참견하고, 남을 바꾸려고 하는 것이 제 내면의 에너지를 고갈시킨다는 사실을 깨달았습니다. 남을 지나치게 부러워하는 것도 마찬가지입니다. 부러워하다 보면 질투하게 되고, 정작 내가 가진 것은 보지 못하게 됩니다. 결과적으로 나에게 주신 하나님의 놀라운 축복을 망각하고 누리지 못하게 됩니다. 그러므로 우리는 마음을 잘 관리해서 에너지가 고갈되지 않도록 해야 합니다. 특별히 연약한 사람들은 작은 에너지를 가지고 최상의 삶을 살아내야 하는 까닭에 에너지 관리를 잘해야 합니다.

누군가를 변화시키려는 노력도 내려놓아야 합니다. 이 노력이 사랑에서 나온 것일 수도 있습니다. 하지만 그것이 사랑의 동기에서 출발했다고 할지라도 지혜로운 것은 아닙니다. 자기가 기대한 만큼 누군가가 변화하지 않으면, 짜증을 내거나 분노하는 사람이 있습니다. 그 누군가는 남편이 될 수도 있고, 아내가 될 수도 있고, 자녀가 될 수도 있습니다. 날마다 만나는 가까운 사람일 수도 있습니다. 심지어 자기 자신이 될 수도 있습니다. 누군가를 변화시키려고 하지 말고, 이해하려고 노력해 보십시오. 있는 모습 그대로를 용납하고 사랑해 보십시오. 그때 우리 마음속의 분노가 누그러들 것입니다.

변화를 일으키는 것은 우리가 할 수 있는 일이 아닙니다. 오직 하나님만이 하실 수 있는 일입니다. 변화한다는 것은 성장하며 성숙해진다는 것을 의미합니다. 그 일은 오직 하나님만이 하실 수 있습니다. 사도 바울은 "나는 심었고 아볼로는 물을 주었으되 오직 하나님께서 자라나게 하셨나니"(고전 3:6)라고 고백했습니다. 우리는 누군가를 변화시키는 은총의 도구가 될 수는 있지만, 누군가를 변화시킬 만한 능력이 없습니다.

내려놓음은 비움입니다. 우리가 붙잡고 있는 것이나, 쌓아두고 있는 것 가운데 쓰레기와 같은 것이 정말 많습니다. 일년이 지나도록, 아니 몇 년이 지나도록 한 번도 사용하지 않은 것은 우리 삶 속에 그렇게 필요한 것이 아니었을 수 있습니다. 쓰레기를 비우지 않고 오랫동안 방치하면 구더기가 생기고, 썩는 냄새가 납니다. 쓰레기 때문에 아주 소중한 것까지도 쓸모없게 됩니다.

비움이 있어야 채움이 있습니다. 우리 마음에 있는 미움과 원한과 질투와 시기와 복수심과 분노와 쓴 뿌리를 비워야 합니다. 예술가 오노 요코(Ono Yoko)는 "질투를 존경으로 바꾸어라. 그러면 존경했던 것이 당신 삶의 일부가 될 것이다"라고 말했습니다. 질투를 비우고, 존경으로 채우는 것이야말로 삶의 예술입니다. 비울 때, 여백이 생깁니다. 여백이 생겨야 새로운 것, 더욱 좋은 것을 담을 수 있습니다. 그때 우리 마음속에 평화가 깃듭니다. 신비로운 기쁨이 찾아옵니다.

감사는
지혜로운 선택입니다

고요함을 위해 감사하십시오. 감사하면 고요해집니다. 감사는 받은 복과 은혜를 헤아려 보는 것입니다. 불평하고 원망하고 비난하고 판단하면 마음의 고요함을 상실하게 됩니다. 반면에 감사하면, 마음이 고요해집니다. 마음이 고요해지면 하나님께 받은 은혜를 더욱 많이 생각하게 됩니다. 감사할 때, 우리 영혼에 하나님의 평강이 임합니다.

하나님은 우리가 적은 일에 충성한 것에 대해 칭찬하십니다. 예수님은 달란트 비유에서 "그 주인이 이르되 잘하였도다 착하고 충성된 종아 네가 적은 일에 충성하였으매 내가 많은 것을 네게 맡기리니 네 주인의 즐거움에 참여할지어다"(마 25:23)라고 말씀하셨습니다. 적은 일에 충성하면, 많은 일을 맡겨 주십니다. 이 말씀은 감사에도 적용됩니다. 하나님은 우리가 적은 일에 감사하면, 더 많이 감사할 수 있도록 축복해 주십니다.

하나님께 감사할 이유를 찾으십시오. 인생은 보물찾기와도 같습니다. 일상에서 하나님의 은혜를 찾아내는 보물찾기입니다. 보물찾기처럼 감사할 이유를 발견할 때 우리에게 기쁨이 임합니다. 감사할 이유를 잘 찾아내는 분들의 특징이 있습니다. 그분들은 작은 것을 소중히 여깁니다. 작은 깨달음을 귀히 여깁니다. 작은 일에 의미를 부여할 줄 아는 것입니다. 감사는 늘 작은 것으로부터 시작됩니다. 작은 것을 소중히 여기는 사람은 지혜로운 사람입니다. 그 이유는 모든 축복은 작은 것에서 시작되기 때문입니다. 모든 위대한 일은 작은 일에서 비롯됩니다.

감사는 지혜로운 선택입니다. 선택은 결과를 낳습니다. 영국의 역사가 토마스 칼라일(Thomas Carlyle)은 "선택은 순간이지만 결과는 영원하다"라고 말했습니다. 선택은 씨앗과 같습니다. 좋은 선택은 좋은 열매를 맺고, 나쁜 선택은 나쁜 열매를 맺습니다. 나쁜 결과를 원하는 사람은 아무도 없습니다. 하지만 반복해서 나쁜 선택을 하는 사람은, 나쁜 결과를 반복해서 얻을 수밖에 없습니다.

어떻게 하면 나쁜 선택이 아닌 좋은 선택을 할 수 있을까요? 어떻게 해야 원망 대신에 감사를 선택할 수 있을까요?

첫째, 좋은 선택을 하기 위해서는 하나님의 은혜가 필요합니다. 하나님의 은혜가 없으면 나쁜 선택인 줄 알면서도 나쁜 선택을 하게 됩니다. 유혹인 줄 알면서 유혹에 빠져들어

갑니다. 그래서 주님은 "우리를 시험에 들게 하지 마시옵고 다만 악에서 구하시옵소서"(마 6:13)라고 매일 기도하라고 주 기도문을 가르쳐 주셨습니다.

우리는 하나님의 은혜 없이는 한순간도 살아갈 수 없습니다. 날마다 "은혜의 보좌 앞에"(히 4:16) 나아가 하나님의 은혜를 구해야 합니다. 사도 바울은 "내가 나 된 것은 하나님의 은혜로 된 것"(고전 15:10)이라고 고백했습니다. 하나님의 은혜보다 복되고 아름다운 것은 없습니다. 하나님의 은혜보다 사랑스럽고 선한 것은 없습니다. 하나님의 은혜보다 능력 있고 영광스러운 것은 없습니다.

제 인생의 가장 어려운 순간에 원망 대신에 감사를 선택할 수 있었던 것은 하나님의 은혜입니다. 저는 얼마든지 저를 힘들게 한 분들을 향해 원한을 품고, 분개하며 살 수 있었습니다. 깊은 미움으로 저주하며 살 수 있었을 것입니다. 목회자인 까닭에 겉으로는 태연한 모습을 보이면서 마음으로는 얼마든지 저주하며 살 수 있었을 것입니다.

그런데 하나님이 제 마음에서 미움을 거두어 주셨습니다. 그것은 전적인 하나님의 은혜입니다. 누군가를 탓한다고 제 인생의 문제가 해결될 수 없음을 깨닫게 하셨습니다. 제 인생의 문제는 오직 하나님의 은혜로만 해결될 수 있음을 깨달았습니다. 그 덕분에 저는 원망 대신에 감사를 선택할 수 있었습니다. 하나님의 은혜로 누구도 탓하지 않기로 선택할 수 있었습니다.

둘째, 좋은 선택을 하기 위해서는 하나님의 지혜가 필요합니다. 지혜는 분별력입니다. 하나님이 지혜를 주시면, 좋은 선택과 나쁜 선택을 분별하게 됩니다. 지혜란 어떤 선택을 해야 좋은 결과를 얻을지를 분별하는 능력입니다. 나쁜 선택을 하고도 좋은 결과를 얻게 되리라는 생각은 어리석은 생각입니다. 비상식적인 생각입니다. 지혜는 상식에 뿌리를 두고 있습니다.

하나님의 지혜는 신중함에 있습니다. 중요한 선택을 할 때는 신중해야 합니다. 어떤 선택은 별로 중요하지 않을 수 있습니다. 점심에 무슨 음식을 먹을 것인지를 선택하는 것은 별로 중요하지 않습니다. 하지만 결혼, 직업, 교회, 가까이 교제해야 할 사람들을 선택하는 일은 신중해야 합니다. 신중하게 선택하려면, 먼저 기도해야 합니다. 기도하는 중에 하나님의 지혜와 하나님의 인도를 구해야 합니다. 또한 충분한 정보와 지식을 수집하고 지혜로운 분들의 조언을 구하는 것이 좋습니다.

어떤 선택을 할 때는 하나님께 영광이 되는지를 먼저 생각해야 합니다. 그다음에는 공동체와 가족의 유익을 생각하며 선택해야 합니다. 가족과의 관계를 무너뜨리거나 본인의 건강을 해치는 선택을 해서는 안 됩니다. 영혼을 팔아 가면서 당장 유익을 구하는 선택을 해서는 안 됩니다. 지금 당장 유익한 것보다는 먼 장래에 유익한 것을 선택해야 합니다.

저는 감사를 선택하면서 저를 힘들게 한 분들을 용서했습니다. 또한 저도 그분들에게 용서를 빌었습니다. 그때 저는 용서란 상대방을 위해 하는 것이라기보다 저 자신을 위해 하는 것임을 새삼 깨달았습니다. 저는 감사하고 용서하고 축복하는 과정을 통해 과거로부터 자유케 될 수 있었습니다. 용서를 주고받는 것으로 멈추지 않고, 그분들을 축복했습니다. 그분들을 용서하고 축복하는 순간에 저는 놀라운 자유를 경험했습니다. 신비로운 평강을 경험했습니다. 그럼으로써 새 출발을 할 기회를 얻었습니다.

감사하면 눈이 열립니다. 모든 사건 속에서 하나님의 섭리를 깨닫게 됩니다. 고난에 뜻이 있으며, 고통에 의미가 있음을 깨닫게 됩니다. 저는 감사를 통해 하나님이 "모든 것이 합력하여 선을"(롬 8:28) 이루게 하심을 경험했습니다. 저는 감사를 통해 기적을 경험했습니다.

감사할수록 감사할 조건이 늘어납니다. 감사할수록 마음에 기쁨이 임합니다. 감사할수록 평강이 임합니다. 감사할수록 얼굴에 고요함이 깃들기 시작합니다. 감사할수록 마음이 따뜻해지는 것을 경험합니다. 감사할수록 모든 사람을 긍휼히 여기는 마음을 품게 됩니다. 감사는 성령 충만의 열매이며 (엡 5:18-20) 영적 성숙의 최고봉입니다(골 2:6-7).

내면의 성소는
폭풍의 눈처럼 고요합니다

엄밀한 의미에서 우리에게 주어진 선물은 현재입니다. 과거는 이미 지나갔습니다. 미래는 아직 오지 않았습니다. 그런 까닭에 과거와 미래에 관심을 갖되 현재에 집중하는 훈련을 해야 합니다. 고요함은 현재에 머무는 삶의 예술입니다. 분주하게 살다 보면, 일상 속에 담긴 풍요로움을 놓치게 됩니다. 영국 작가 피코 아이어(Pico Iyer)는 "고요함의 예술은 순간 속에서의 풍요를 인식하는 것이다"라고 말했습니다.

고요한 마음을 가꾸는 일은 삶의 예술입니다. 고요한 마음을 가꾸려면, 하나님 앞에 잠잠히 머무르십시오. 하나님 앞에서 침묵하십시오. 하나님 앞에 무거운 짐을 내려놓으십시오. 떠오르는 생각이나 마음의 무거운 짐들을 하나님께 맡기십시오. 우리가 염려한다고 "그 키를 한 자라도 더할 수"(마 6:27) 있겠습니까? 내가 풀 수 있는 문제는 스스로 풀어야 하지만, 풀 수 없다면 받아들일 수 있어야 합니다. 나아가

피할 수 없는 문제라면 즐길 줄 아는 여유도 필요합니다. 염려를 하나님께 맡기십시오. 그것이 기도입니다. 고요한 시간을 갖는 것은 하나님이 우리 삶 속에 개입하실 공간을 만드는 일입니다.

가장 지혜로운 것은 어느 정도 문제와 더불어 살아가는 법을 터득하는 것입니다. 왜냐하면 우리는 문제를 통해 지혜를 얻고, 문제를 통해 성숙하곤 하기 때문입니다. 심지어 어떤 문제는 기적을 선물해 주는 것을 경험하기도 합니다. 성경에 나타난 모든 기적은 문제를 통해 일어났습니다. 문제가 없다면 기적도 없습니다. 그러니 때로는 문제를 환영해야 합니다.

경청 또한 고요함을 가꾸는 비결입니다. 우리는 상대방의 말이 끝나면, 자신이 할 말을 생각하느라 경청하지 못합니다. 상대방의 말이 끝나기도 전에 말을 자르며 급히 말합니다. 사실, 우리는 조용히 듣기보다 자기가 하고 싶은 말을 하려고 벼르고 있을 때가 더 많습니다. 고요함을 위해 경청하십시오. 사람들과 대화할 때 상대방의 말을 경청하십시오. 상대방을 이해하기 위해 경청하십시오. 상대방을 존중하기 위해 경청하십시오. 또한 하나님의 음성에 경청하십시오. 하나님의 음성을 경청할 때 중요한 자세는 순종입니다. 하나님이 무슨 말씀을 하시든지 순종하겠다는 자세로 경청하면 마음이 고요해집니다.

고요한 마음을 가꾸려면, 매 순간 집중하는 훈련을 하십시오. 무슨 일을 하든지 그 일에 몰입하는 것입니다. 집중하면 고요해집니다. 반면에 산만하면 불안해집니다. 너무 많은 일을 한꺼번에 해치우려고 하지 마십시오. 큰일도 잘 나누어서 처리하면 능히 감당할 수 있습니다. 우선 할 수 있는 작은 일부터 하나씩 조용히 집중해서 처리하십시오. 그때 고요함을 경험하게 됩니다. 고요함을 경험할 때, 일을 더욱 잘 처리할 수 있는 지혜와 영감을 얻게 됩니다. 일상을 하나님의 선물로 여기면 매 순간 집중할 수 있습니다.

마지막으로, 고요한 마음을 가꾸려면 매일 아침 말씀 한 구절을 읽고, 하루 종일 되새김질하는 훈련을 하십시오. 긴 말씀보다 짧은 말씀이 더 좋습니다. 때로는 한 단어도 좋습니다. 짧은 말씀을 거듭 상기하십시오. 일하는 중에도 그 말씀을 묵상하십시오. 말씀과 함께 하나님을 고요히 바라보십시오. 누구를 만나든, 무슨 일을 하든 짧은 말씀을 되새기며 묵상하십시오. 말씀이 기도가 되게 하십시오. 그러면 그 말씀이 우리 존재 속에 스며들게 됩니다.

말씀 한 구절을 묵상하는 중에 우리는 내면의 성소, 즉 내면의 중심부로 들어가게 됩니다. 내면의 성소는 폭풍의 눈처럼 고요합니다. 거기서 우리는 하나님을 예배하고 찬양합니다. 하나님의 음성을 듣고 하나님과 친밀한 교제를 나누게 됩니다. 그때 우리 영혼은 고요한 호수처럼 잠잠해집니다.

고요한 마음은 우리가 만나는 사람들에게 줄 수 있는 최고의 선물 중 하나입니다. 고요한 마음을 잘 가꾸어 아름다운 선물을 하시길 빕니다.

'외로움'이 사막이라면,
'홀로 있음'은 오아시스입니다

사람은 외롭습니다. 외로움은 인간의 실존입니다. 외롭지 않은 사람이 없습니다. 우리는 외로움의 정체를 잘 이해하고, 외로움을 잘 다스릴 줄 알아야 합니다.

다른 사람들로부터 단절된 듯한 느낌이라는 점에서 외로움과 소외감은 가깝습니다. 사람들은 외로움과 소외감을 견디기 힘들어합니다. 우리가 거절당하는 것을 두려워하는 까닭은 외로움 때문입니다. 그런데 하나님이 쓰시는 인물들은 대부분 거절당한 경험이 있습니다. 거절당했다는 것은 버림받았음을 전제로 합니다. 그래서 거절당함이 아픈 상처가 되는 것입니다. 사람이 받는 마음의 상처 가운데서도 가장 큰 상처에 속합니다.

버림받고 거절당해 본 사람들은 버림받고 거절당하는 고통이 얼마나 큰가를 잘 압니다. 모세는 한때 그의 부모로부터, 그리고 그의 동족으로부터 버림받고 거절당했습니다. 예수님도 그의 백성들로부터 버림받고 거절당하셨습니다. 하나님 아버지로부터도 버림받고 거절당하셨습니다. 그런 까닭에 예수님은 버림받고 거절당한 사람들의 상처를 아시고 치유하십니다.

저는 엘리야의 생애를 공부하면서 그가 외로운 선지자였음을 알게 되었습니다. 하나님이 그를 그릿 시냇가로 보내셨을 때, 그는 혼자였습니다. 그의 곁에 아무도 없었습니다. 그가 만난 것은 아침과 저녁으로 찾아오는 까마귀들뿐이었습니다. 하나님은 엘리야를 홀로 있게 하셨습니다. 외롭게 하셨습니다. 외로움은 인간이 두려워하는 가장 혹독한 시련의 하나입니다.

외로움의 극복은 하나님의 사람에게 주어지는 중요한 과제입니다. 하나님의 사람은 외로움에 익숙해져야 합니다. 외로움을 당연하게 받아들이고, 친구로 삼을 줄 알아야 합니다. 오히려 외로움을 축복으로 승화시킬 줄 알아야 합니다.

외로움을 선용하는 길이 있습니다. 바로 하나님 앞에 홀로 있는 것입니다. 외로움과 홀로 있음은 비슷하지만, 큰 차이가 있습니다. '외로움'이 사막이라면 '홀로 있음'은 오아시스입니다. 광야와 아름다운 동산과의 차이입니다. 외로움이 혼자 있으므로 느끼는 소외감이라면, 홀로 있음은 하나님 앞에 홀로이 있는 것입니다. 즉 하나님과 함께 있는 것입니다. 하나님의 눈길을 의식하고, 하나님을 바라보며, 하나님과 교제하는 것입니다. 홀로 있음으로써 하나님의 음성에 오롯이 귀 기울이는 것입니다.

헨리 나우웬(Henri J. M. Nouwen)은 "영성 훈련이란 '외로움'에서 '홀로 있음'으로 들어가는 것"이라고 말했습니다. 홀로 있음은 물 댄 동산과 같은 축복 속으로 들어가는 것입니다. 우리는 하나님 앞에 홀로 있음으로써 깊은 침묵 속으로 들어갈 수 있습니다. 깊은 침묵 속에서 깊은 고요함을 경험합니다. 깊은 고요 속에서 우리 영혼은 고요해지고, 안식하게 됩니다. 고요할 때 비로소 하나님을 뵙고, 그 음성을 들으며, 우리 영혼이 힘을 얻습니다. 하나님 앞에 홀로 있음으로써 하나님의 풍성한 축복을 받아 누리게 됩니다.

우리는 함께하기 위해 홀로 있어야 합니다. 홀로 있음과 함께 있음의 균형을 이루어야 합니다. 예수님은 제자들과 큰 무리와 함께 계시면서, 또한 홀로 있는 시간을 가지셨습니다. 성경은 "새벽 아직도 밝기 전에 예수께서 일어나 나가 한적한 곳으로 가서 거기서 기도"(막 1:35)하셨다고 말합니다. 오병이어의 기적을 일으키신 후에도 혼자 기도하러 따로 산에 올라가셨습니다(마 14:23). A. W. 토저(Aiden Wilson Tozer)는 "큰 독수리는 홀로 날아간다. 큰 사자는 홀로 사냥한다. 위대한 사람들은 홀로 간다"라고 말했습니다. 하나님의 사람은 함께하기 위해 홀로 있는 사람입니다.

그러므로 외롭다고 낙심하지 마십시오. 예수님처럼 '외로움'을 하나님과 함께하는 '홀로 있음'으로 승화시키십시오. 우리 영혼은 '홀로 있음'을 통해 힘을 얻습니다. 하늘로부터 영감과 지혜와 능력을 받게 됩니다. 홀로 있음을 통해 더 아름다운 미래를 준비하게 됩니다. 사람들과 더 좋은 관계를 맺게 됩니다. 바쁜 일정 가운데서도 하나님 앞에 홀로 머무는 시간을 갖도록 하십시오. 하나님 앞에 홀로 있음으로써 침묵 속에 임하는 깊은 은혜를 체험하게 될 것입니다.

외로움을 넘어
고독으로 들어가는 것이
지혜입니다

영성가들은 외로움(loneliness)과 고독(solitude)을 구분합니다. '외로움'은 이웃들과 분리되었음을 느끼는 일종의 소외감입니다. 다른 사람들에게서 멀리 떨어져 있다는 느낌입니다. 반면에 '고독'은 하나님과 함께하는 시간입니다. 곧 말씀 앞에 머물러 말씀을 묵상하는 시간입니다. 고독은 '홀로 있음의 즐거움'을 의미합니다. 외로움이 홀로 있음의 부정적인 감정이라면, 고독은 홀로 있음의 긍정적인 감정입니다.

몇 년 전에 몹시 아팠던 적이 있습니다. 얼굴이 창백해지고, 탈진할 만큼 아팠습니다. 그날 밤, 네 가지 생각이 들었습니다.

첫째, 고통이 고통을 위로하고, 상처가 상처를 치유하며 눈물이 눈물을 껴안아 준다는 것을 깨달았습니다. 몸이 아프고 마음이 아픈 분들의 고통을 생각하니 그분들을 위로하고, 중보해야겠다는 생각이 들었습니다. 누구나 아프면 의욕을 잃게 되고, 낙심하게 됩니다. 몸이 아플 때, 마음을 잘 다스리지 못하면, 염려와 두려움에 휩싸이게 됩니다. 평소에 심력을 길러 놓지 않으면, 몸의 아픔 때문에 마음까지 흔들릴 수 있습니다. 나이가 들어가면서 주위에 아픈 분들을 많이 만나게 됩니다. 늘 건강한 사람은 아프고 연약한 사람들의 심정을 이해하지 못합니다. 하나님이 건강한 사람에게 가끔 아픔을 경험케 하시는 이유는 그들의 고통을 이해하도록 하시기 위함입니다.

둘째, 홀로 아픔을 겪는 분들의 고통을 생각했습니다. 아플 때 그나마 가족이 함께 있으면 위로가 되고, 힘이 됩니다. 그런데 곁에 아무도 없이 혼자 있으면, 서러울 정도로 외로워집니다. 마더 테레사(Teresa)는 "가장 고통스러운 것은 사랑받지 못하는 것, 옆에 아무도 없는 소외감이다"라고 말했습니다. 서로 돌아보고 사랑과 선행을 격려하는 공동체는 혼자 세울 수 없습니다. 모두가 마음을 모아 홀로 살아가는 분들을 위로하는 공동체를 세워 나가면 좋겠습니다. 혼자라는 느낌이 들지 않을 만큼 서로서로 돌보고 위로하는 공동체를 이루길 바랍니다.

셋째, 잠시 멈추어 안식을 취하는 것이 지혜라는 생각을 했습니다. 사람은 기계가 아닙니다. 기계도 함부로 다루면, 쉽게 망가지는데 연약한 인간은 말할 것도 없습니다. 사람은 강철이 아닙니다. 연약한 갈대와 같고, 꺼져 가는 등불과도 같은 존재입니다. 쉽게 아프고, 쉽게 상처받는 존재입니다. 그래서 조심스럽게 다뤄야 합니다. 열심히 일하는 것도 중요하지만, 일과 안식의 균형이 필요합니다. 몸이든 마음이든 아픈 것은 조금 쉬어 가라는 몸과 영혼의 외침입니다. 저는 미국에 온 이후로 내내 열심히 달려왔습니다. 성도들에게 쉼을 강조하고, 안식의 필요성을 가르치면서도 정작 저 자신에게는 안식을 선물하지 못한 채 살아왔습니다. 저 또한 안식이 필요한 존재임을 깨닫습니다.

넷째, 고독의 근육을 길러야겠다는 생각이 들었습니다. 소외감을 느끼지 않고 살아가는 사람은 없습니다. 특별히 도움을 주던 사람이 도움을 받아야 하고, 위로하던 사람이 위로받아야 하는 위치에 선다는 것은 견디기 힘든 일입니다. 노년에 외롭지 않을 수는 없습니다. 인생의 계절 가운데 외로움의 계절로 접어들었다는 뜻입니다. 그렇다고 청년들을 부러워하지 마십시오. 우리가 경험했던 것처럼 청년들에게도 그들 나름의 아픔과 고통이 있습니다. 그래서 김난도 교수도 《아프니까 청춘이다》라는 책을 쓴 것 아니겠습니까?

영성 생활이란 외로움을 넘어 고독으로 들어가는 것을 의미합니다. 외로움이 밀려오면, 외로움을 넘어 깊은 고독으로 들어가십시오. 그것이 지혜입니다. 고독을 벗 삼아 하나님 앞에 머무는 즐거움의 시간을 갖도록 하십시오. 저는 고독의 시간에 영감이 떠오르고, 몰입의 경지에 들어가는 것을 많이 경험했습니다.

홀로 있는 시간을 두려워하지 말고, 피할 수 없는 외로움을 지혜롭게 고독으로 승화시켜 보십시오.

고독을 통해
깊이 있는 사람이 됩니다

고독은 외로움보다 높은 차원입니다. 하나님 앞에 홀로 있음을 의미하기 때문입니다. 고독은 성스러운 외로움입니다. 고독은 풍성한 열매를 선물해 줍니다. 헨리 나우웬은 "외로움으로부터 도망하고, 그것을 잊거나 부인하려고 하는 대신에 우리는 그 외로움을 지켜서 그것을 생산성 있는 고독으로 바꾸어야 한다"라고 말합니다. 그는 "영적인 삶을 살려면, 먼저 외로움의 광야로 들어가서 조용하고 끈기 있는 노력을 통해 그 광야를 고독의 동산으로 바꿀 용기가 있어야한다"라고 말합니다. 격한 외로움을 승화시킨 것이 고독입니다. 하나님 앞에 홀로 있음을 의미하는 고독은 영성가들이 추구하는 생활 방식입니다.

반면에 외로움은 힘든 감정입니다. 외로움은 비생산적입니다. 많은 사람과 더불어 살아도 인간의 실존은 외롭습니다. 우리는 외롭기 때문에 서로를 필요로 합니다. 마더 테레사는 "자기를 좋아하는 사람도, 필요로 하는 사람도 없다고 느낄 때 찾아오는 소외감은 빈곤 중에서도 가장 큰 빈곤이다"라고 말했습니다. 소외감은 가장 무서운 빈곤입니다.

김형석 교수님은 자신의 저서 《고독이라는 병》에서 고독의 긍정적인 면을 다음과 같이 기록했습니다.

> 아름다운 예술이 탄생되는 것도, 훌륭한 사상이 체계를 가지는 것도, 위대한 학문이 주어지는 것도 모두가 이러한 정신인의 고독한 창조에서 우러나온 것이다. … 그들의 위대성은 그들의 위대한 고독에 있었던 것이다.

왜 우리는 외로움을 넘어 고독 속으로 들어가야 할까요?

첫째, 고독을 통해 깊은 기도를 드릴 수 있기 때문입니다. 깊은 기도는 골방에서 드리는 기도입니다. 골방 기도는 아무도 보지 않는 데서 드리는 기도입니다. 유일한 청중이신 하나님 한 분 앞에서 드리는 기도입니다. 그러므로 골방 기도는 고독의 기도입니다. 골방 기도를 통해 우리의 기도가 깊어집니다. 우리는 고독을 통해 성삼위 하나님과 친밀한 교제 속으로 들어갈 수 있습니다.

둘째, 고독을 통해 깊이 있는 사람이 될 수 있기 때문입니다. 리처드 포스터(Richard J. Foster)는 "오늘날 절실히 요청되는 사람은 지능이 높거나 혹은 재능이 많은 사람이 아니라 깊이 있는 사람이다"라고 말합니다. 깊이 있는 사람이 되어야 깊이 볼 수 있습니다. 우리가 만나는 사람들의 깊은 아픔과 상처와 고통을 볼 수 있습니다. 깊은 아픔을 볼 수 있어야 깊은 공감을 통해 깊은 아픔을 치료해 줄 수 있습니다.

셋째, 고독을 통해 영감을 얻을 수 있기 때문입니다. 저는 고독한 시간을 소중하게 여깁니다. 그 이유는 고독한 시간에 놀라운 영감이 임하는 것을 경험했기 때문입니다. 들뜬 마음보다는 고요한 마음일 때, 놀라운 깨달음을 얻게 됨을 경험했기 때문입니다. 마음이 호수처럼 잔잔하고 고요해질 때, 하늘의 영감이 제 영혼에 깃드는 것을 경험합니다. 그때 그동안 읽고 숙고했던 좋은 생각들이 떠오르는 것을 경험합니다.

넷째, 고독을 통해 고요한 마음을 가꿀 수 있기 때문입니다. 고요한 마음은 집중하는 마음입니다. 경청하는 마음입니다. 지금 우리가 사는 이 시대는 산만합니다. 분주하고 소음으로 가득 차 있습니다. 스마트폰이 우리를 똑똑(smart)하게 만든 것이 아니라 오히려 어리석게 만들었습니다. 매사 스마트폰에 의존하는 까닭에 기억력이 쇠퇴하고 있습니다. 우리는 고요한 마음을 가꾸어 하나님의 말씀을 묵상하고, 깊이 생각하는 시간을 가져야 합니다.

예수님은 고독을 소중히 여기셨습니다. 하나님 앞에 홀로 머무는 시간을 통해 하늘의 능력과 지혜를 얻으셨습니다.

날마다 시간을 내어 하나님 앞에 홀로 머물러 보십시오. 그 시간을 통해 더욱 깊이 있는 사람이 되면 좋겠습니다.

자신을 잘 다스리는 사람이
승리자입니다

자신을 스스로 다스리기란 결코 쉬운 일이 아닙니다. 그토록 경건했던 다윗도 자신을 다스리지 못해 간음죄와 살인죄를 범했습니다. 그는 수많은 백성을 다스렸지만, 자신의 욕망은 다스리지 못했습니다. 다윗은 수많은 전쟁에서 승리했지만, 자신과의 싸움에서 패배했습니다. 그는 이스라엘 백성을 잘 이끄는 지도자였지만, 정작 자기 자신은 이끌지 못했습니다. 한순간의 실패를 가지고 그의 전 생애를 평가해서는 안 되지만, 우리는 다윗의 실수를 반면교사로 삼아야 합니다.

우리가 경험하듯이 반갑지 않은 손님처럼 찾아오는 인생의 시련을 이기기란 쉽지 않습니다. 하지만 더 어려운 것이 있습니다. 바로 자신의 욕망을 이기는 것입니다. 물론 욕망 자체에 문제가 있는 것이 아닙니다. 욕망을 없애 달라고 기도하는 것은 미숙한 기도입니다. 식욕과 성욕과 성취욕은 반드시 필요합니다. 모두가 하나님이 주신 선물이요, 사람을 움직이는 동력이기 때문입니다. 하지만 경계를 넘어설 때 문제가 발생합니다. 과욕, 과식, 과로는 선을 넘었다는 것을 의미합니다. 부부라는 선을 넘어선 성욕은 탐욕입니다. 조절이 안 될 만큼 음식을 탐하는 것을 식탐이라고 합니다. 또한 지나친 성취욕은 모든 일을 성과 위주로 평가하게 되고, 쉬지 않고 일하는 오류를 범하게 됩니다. 우리는 나태를 경계해야 하지만, 과로도 좋은 것은 아닙니다.

쉬지 않고 계속해서 일만 하는 삶은 하나님이 원하시는 삶이 아닙니다. 그것은 노예의 삶입니다. 노예는 쉼이 없습니다. 일하지 않는 노예에게는 채찍이 가해집니다. 이스라엘 백성이 애굽에서 종살이할 때 그들은 쉬지 못했습니다. 그들은 바로의 채찍이 무서워 일했습니다. 하나님이 이스라엘 민족을 애굽에서 이끌어 내어 광야에서 반복해서 가르치신 것은 '안식'이었습니다. 사람이 쉬지 않고 일하면, 쉽게 짜증을 내거나 화를 내게 될 뿐만 아니라 탈진하게 되고 결국 건강을 해치게 됩니다. 쉬지 않고 일만 하는 것은 결국 자신에게 스스로 폭력을 행하는 것입니다. 지나친 성취욕이 낳은 자기 착취와 자기 학대입니다. 그러므로 쉬지 않고 일만 한다면, 하나님의 자녀가 아닌 노예의 삶을 스스로 선택하는 셈입니다. 노예에게는 안식이 없지만, 하나님의 자녀에게는 안식이 있습니다. 안식은 하나님의 원리입니다.

자신을 잘 다스리기 위해서는 적절한 안식이 필요합니다.

일에 중독된 사람들 가운데 몇몇은 과도한 스트레스를 쉽게 풀려다가 죄악에 빠져드는 것을 봅니다. 일은 중요하지만, 일중독은 조심해야 합니다. 또한 자신을 잘 다스리기 위해서는 자기 자신을 잘 알아야 합니다. 인간의 본성을 잘 알아야 합니다. 자신을 다스린다는 것은 자신의 욕망을 다스린다는 것을 의미합니다. 자신을 다스린다는 것은 자기 생각을 다스린다는 것을 의미합니다. 우리 욕망은 우리 생각과 더불어 움직이기 때문입니다. 그런 까닭에 우리는 생각하는 훈련을 해야 합니다.

자신을 다스린다는 것은 자기 감정을 잘 다스림을 의미합니다. 분노, 좌절감, 절망감, 무력감, 두려움, 혼란스러움, 그리고 불안과 같은 감정을 다스릴 줄 알아야 합니다. 사람에게 감정은 너무 중요합니다. 감정은 우리의 전 존재를 흔드는 울림과도 같습니다. 어떤 감정이 느껴지면, 조용한 시간에 그런 감정을 일으킨 요인이 무엇인지 살펴보십시오. 자기감정을 조용히 바라보며 감정의 요인을 파악하고, 그 흐름을 이해하도록 하십시오. 자기 감정을 살핀 후에는 하나님의 말씀으로 그것을 다스리도록 하십시오.

자신을 다스린다는 것은 자기 뜻을 다스려 하나님의 뜻을 좇는 것을 의미합니다. 자신의 원함을 내려놓고 하나님의 원함을 좇는 것을 의미합니다. 예수님은 중요한 일이 있을 때마다 먼저 기도와 금식을 통해 자신을 살피셨습니다. 기도와 금식은 자신을 잘 다스릴 수 있는 능력 있는 수단입니다. 예수님은 또한 하나님의 뜻을 살피셨습니다. 그리고 그 뜻을 좇으셨습니다. 마침내 예수님은 겟세마네 동산에서 "나의 원대로 마시옵고 아버지의 원대로 하옵소서"(마 26:39, 막 14:36) 하고 기도하셨습니다. 예수님은 기도를 통해 자신을 잘 다스린 진정한 승리자이셨습니다.

하나님께 드리는 기도와 금식으로 자신을 잘 다스리도록 하십시오. 무엇보다 하나님의 선하시고 기뻐하시고 온전하신 뜻을 이루시길 빕니다.

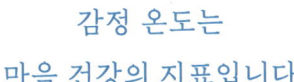

감정 온도는
마음 건강의 지표입니다

체온을 재는 것은 건강을 유지하는 데 아주 중요합니다. 저체온은 건강에 좋지 않습니다. 고열은 몸에 이상이 생겼다는 표시입니다. 우리가 먹는 음식의 상당 부분이 체온 유지에 쓰입니다. 또한 계절마다 온도가 다릅니다. 봄은 따뜻하고 여름은 뜨겁고 가을은 서늘하고 겨울은 차갑습니다. 온도의 중요성을 알고, 잘 조절하는 법을 배우는 것이 지혜입니다. 추운 겨울에는 몸을 따뜻하게 유지하도록 노력하고, 뜨거운 여름에는 체온을 낮추도록 노력해야 합니다. 그러나 무덥다고 에어컨을 너무 세게 틀면, 건강에 좋지 않습니다.

감정에도 온도가 있습니다. 어떤 감정은 따뜻합니다. 어떤 감정은 미지근합니다. 어떤 감정은 차갑습니다. 언어에도 온도가 있습니다. 어떤 언어는 우리 마음을 따뜻하게 만듭니다. 반면에 어떤 언어는 우리 마음을 차갑게 만듭니다.

저는 그동안 감정의 중요성을 잘 인식하지 못한 채 살았습니다. 하지만 나이가 들어갈수록 감정이 얼마나 중요한가를 깨닫습니다. 또한 감정을 잘 다스리지 못할 때 나쁜 결과를 낳게 되는 것을 배웁니다. 우리는 날마다, 어떤 면에서 매 순간 감정과 더불어 살아가면서도 감정에 대해 깊이 생각해 본 적이 없습니다. 조금 더 솔직히 이야기하면 감정을 억누른 채 살아갑니다.

감정이 중요하다는 것을 실생활에서 많이 경험합니다. 우리는 지성보다 감정을 따라 결정할 때가 많기 때문입니다. 물건을 사거나 중요한 결정을 할 때 감정에 의존할 때가 많습니다. 광고를 제작하는 사람들은 사람들의 감정을 알고 그 감정을 움직이는 데 천재들입니다. 또한 우리 내면의 기억 속에는 어떤 핵심 감정이 담겨 있어 우리를 움직여 나가는 것을 보게 됩니다.

감정이 중요하지만, 감정을 전적으로 신뢰할 수는 없습니다. 그 이유는 감정이 우리 생각, 우리가 만나는 사람들, 어려운 환경, 우리가 보는 것과 접촉하는 것에 따라 수시로 바뀌는 까닭입니다. 그런 까닭에 감정을 너무 신뢰하고, 감정을 따라 잘못 반응하게 되면 좋지 않은 결과를 가져올 수 있습니다.

감정을 너무 신뢰해서는 안 되지만 감정을 잘 이해하고, 감정에 적절하게 반응할 줄 알아야 합니다. 특별히 분노라는 감정을 잘 이해하지 못하면 분노조절장애에 빠져들게 됩니다. 분노는 불안과 두려움과 폭력과 죄책감을 동반하는 복잡한 감정입니다. 잘못된 분노는 지성을 마비시킵니다. 그래서 분노를 잘 조절하지 못하면 극단적인 표현을 하게 됩니다. 모든 분노가 나쁜 것이 아닙니다. 의로운 분노는 불의한 세상을 바꾸는 거대한 힘입니다. 하지만 의로운 분노도 잘 조절되어야 합니다. 성전을 청결케 하시는 예수님의 의분은 잘 조절된 분노였습니다.

감정을 이해하고 다스리기 위해서는 먼저 자신의 감정을 잘 이해해야 합니다. 우리가 자신의 감정을 잘 이해하지 못한다면 다른 사람의 감정을 잘 이해할 수 없습니다. 다른 사람의 감정을 잘 이해하지 못하면 공감 능력이 떨어집니다. 공감 능력이 떨어지면 소통을 잘할 수가 없습니다. 우리가 살고 있는 시대에서 가장 많이 요구되는 것이 공감 능력입니다. 공감은 상대방의 생각이나 느낌이나 감정을 이해해 주는 것입니다. 공감 능력은 두 사람의 마음에 다리를 놓아 연결시켜 주는 힘입니다.

감정을 이해하는 길은 자신의 감정과 자신 안에 일어나는 감정의 변화를 잘 이해하는 것입니다. 무엇보다 자신 안에 일어나는 다양한 감정을 잘 관찰하고, 그 감정의 뿌리를 찾아내는 것입니다. 모든 감정에는 원인이 있습니다. 자신의 감정의 원인을 발견하면 감정을 이해하는 데 도움이 됩니다. 또한 자신의 감정을 잘 이해하는 사람은 다른 사람의 감정을 잘 이해할 수 있습니다. 감정을 이해할 줄 안다는 것은 감정을 잘 다스릴 줄 안다는 것을 의미합니다. 감정을 잘 다스릴 때 우리는 감정을 따라 살기보다 하나님의 말씀을 따라 살게 됩니다. 하나님의 말씀의 원리를 따라 중요한 결정을 내리게 됩니다.

감정을 잘 이해하는 길은 자신의 감정과 먼저 친해지는 것입니다. 감정과 친해지면 감정을 이해하게 되고 감정을 잘 다스리게 됩니다. 또한 새로운 감정에 마음의 문을 열게 됩니다. 감정을 잘 다스리고 새로운 감정에 마음을 열 때 우리 감정이 점점 성장하는 것을 경험하게 됩니다. 하나님이 감정을 만드신 분입니다. 하나님도 감정을 표현하십니다.

감정 온도에 관심을 가지십시오. 어떤 감정이 따뜻한 감정인지를 스스로 경험해 보십시오. 긍휼, 존중, 감사, 사랑, 배려와 같은 감정은 따뜻한 감정입니다. 반면에 경멸, 미움, 시기, 냉정함, 완고함과 같은 감정은 차가운 감정입니다. 부디 감정을 잘 이해하고 감정의 온도를 잘 조절함으로 풍성한 삶을 사시길 빕니다.

화 에너지를 다스리십시오

화(火)를 잘못 내면, 화(禍)가 임합니다. 그러므로 화(火)를 다스리는 것이 화(禍)를 면하는 길입니다. 언어유희처럼 보이지만, 삶의 현장에서 많은 비극이 화 때문에 일어나는 것을 봅니다. 홧김에 뱉은 말이 상처를 줍니다. 홧김에 던진 사표가 가족을 어렵게 합니다. 홧김에 휘두른 주먹 때문에 결정적인 기회를 잃기도 합니다. 화 때문에 친밀했던 관계에 금이 가고, 화 때문에 소중한 가정이 깨집니다. 화를 내면 마음의 평화가 사라지고, 화를 자주 내면 건강까지 잃게 됩니다. 지혜란 삶의 기술을 의미합니다. 우리가 터득해야 할 삶의 기술 중 하나는 화를 다스리는 기술입니다.

성경에는 화와 관련된 권면이 많습니다. 왜냐하면, 화가 우리 삶과 밀접한 관련이 있기 때문입니다. 화가 나는 것과 화를 내는 것은 큰 차이가 있습니다. 화가 나지만 화내지 않는다면, 화를 잘 다스리고 있는 것입니다. 화를 내도 그만한 이유가 있다면 큰 문제가 되지 않을 수 있지만, 단순한 화풀이라면 문제가 됩니다. 하나님은 성경을 통해 화를 다스리는 지혜를 가르쳐 주십니다.

하나님은 화를 내지 않고는 살 수 없는 인간의 본성을 이해하고 계십니다. 그래서 노하지 말라고 말씀하시는 대신에 노하기를 더디 하라고 권면하십니다(잠 16:32). 성내지 말라고 말씀하시지 않고, 성내기를 더디 하라고 말씀하십니다(약 1:19). "분을 내어도 죄를 짓지 말며 해가 지도록 분을 품지 말고 마귀에게 틈을 주지 말라"(엡 4:26-27)라고 말씀하십니다.

화를 다스리려면, 마음을 다스려야 합니다. 화가 치밀어 오를 때는 화부터 내지 말고 화의 근원을 살펴보십시오. 까닭 없이 화나는 법은 없습니다. 화가 나는 데는 어떤 이유가 있습니다. 제가 연구한 바로는 화는 적절치 못한 기대에서 시작됩니다. 우리는 내가 원하는 일이 원하는 때에 원하는 방법으로 이루어지지 않을 때 분노합니다. 상대방이 내 기대와 달리 반응하거나 어긋나게 행동할 때 분노합니다.

분노 관리는 기대 관리입니다. 인생에서 중요한 것은 기대입니다. 기대는 우리의 꿈과 소원과 관련되어 있습니다. 그래서 기대를 품고 사는 것은 중요합니다. 그렇지만 적절치 못한 기대는 분노의 원인이 됩니다. 인생은 우리가 경험하는 것처럼 만만치 않습니다. 모든 것이 우리가 기대하는 대로 이루어질 수는 없습니다. 그런 까닭에 우리는 적절한 기대를 품고 살아야 합니다. 기대를 조절하면서 살아야 합니다. 기대가 없으면 실망할 일도 없습니다. 기대를 조금만 낮추면 마음에 평화가 깃들게 됩니다.

화를 잘 다스리려면, 화났을 때 적절치 못한 기대를 점검하는 것입니다. 똑같은 말을 해도 어떤 사람은 화내고, 어떤 사람은 화내지 않습니다. 똑같은 말을 들어도 내 마음 상태에 따라 화가 나기도 하고, 화가 나지 않기도 합니다. 그렇다면 말에 문제가 있다기보다는 그 말을 받아들이는 사람에게 문제가 있는 것이 아닐까요? 화날 때, 나의 기대가 적절했는가를 점검해 보십시오. '그럴 수도 있지'라는 생각이 든다면, 화가 잘 다스려질 것입니다. 그런데 '아무리 생각해도 그럴 수는 없지'라고 한다면, 화가 더 치밀어 오르게 됩니다. 심지어는 화풀이하기까지 합니다.

화가 날 때는 잠시 멈추어 기도하십시오. 기도하는 중에 화의 원인을 분별하십시오. 화의 원인이 적절치 못한 기대 때문이라면, 기대를 낮추어 보십시오. 기대를 낮추면 화에서 김이 빠집니다. '홧김에'라는 말이 얼마나 위험한 말인지 모릅니다. 화에 김이 잔뜩 들어가면 문제가 심각해집니다. 그때 화는 부정적이고 파괴적인 에너지가 됩니다. 홧김에 무분별한 말과 행동을 하게 됩니다. 그러므로 하나님 앞에 잠시 멈추어 기도하면서 '그럴 수도 있지' 하고 마음속에 일어난 화를 달래 주십시오.

화는 푸는 것이 아니라 달래는 것입니다. 우는 아이를 달래

듯이 달래야 합니다. 화를 풀어야 한다면, 문제를 풀듯이 지혜롭게 또 조심스럽게 풀어야 합니다. 화가 나도 섣불리 화내지 않도록 주의하십시오. 화를 내더라도 화풀이하지 마십시오. 화를 참지 못한 탓에 수많은 날을 고통 속에 살아야 할 수도 있습니다. 화를 잘 다스리십시오. 화를 잘 다스리는 길이 곧 평강의 길이요, 행복의 길입니다.

인간이기에 억울한 일을 당하면 화가 날 수밖에 없지만, 화내지 않도록 마음을 잘 다스리십시오. '화'라는 에너지를 승화시켜 생산적인 데 사용할 수 있습니다. 기억하십시오. 노하기를 더디 하는 사람은 용사보다 낫습니다. 진정한 용사는 노를 다스리고, 자신을 다스릴 줄 아는 사람입니다. 진정한 승리는 자신을 정복하는 것이요, 자기를 이기는 것입니다. 그리고 어제의 자신보다 오늘 조금 더 앞서는 것입니다.

고갈되기 전에
잠시 멈추어 보십시오

인생의 문제는 공급의 문제입니다. 인간은 자존하는 존재가 아닙니다. 인간은 음식을 공급받아야 생존할 수 있습니다. 신선한 공기와 빛을 공급받아야 건강하게 살 수 있습니다. 우리는 음식만으로 살 수 있는 존재가 아닙니다. 사랑을 받아야 합니다. 인정을 받고, 칭찬을 받아야 합니다. 누군가의 돌봄을 받아야 합니다. 스승으로부터 지식을 공급받아야 합니다. 무엇보다 인간은 영적인 존재인 까닭에 하나님의 말씀을 받아야 합니다.

공급이 중요한 까닭은 공급받아야 나눌 수 있기 때문입니다. 공급이 없으면 나눔도 없습니다. 우리는 자신이 소유한 것만 다른 사람에게 나눠 줄 수 있습니다. 우리 안에 사랑이 충만해야 사랑을 나눌 수 있습니다. 지식이 있어야 지식을 나눌 수 있습니다. 지혜가 있어야 지혜를 나눌 수 있습니다. 물질이 있어야 물질을 나눌 수 있습니다.

질(質)이 중요하지만, 양(量)도 무시해서는 안 됩니다. 적게 받으면 적게 나누게 되고, 많이 받으면 많이 나눌 수 있습니다. 공급받는 것을 부끄럽게 여겨서는 안 됩니다. 필요할 때는 도움을 받아야 합니다. 도움을 받아야 남을 도와줄 수 있습니다. 하나님의 은혜 안에서 공급받을 때 가능한 한 많이 받으십시오. 그래야만 생존의 차원에 머물지 않고, 풍성한 삶을 살 수 있습니다. 나아가 나만 풍성한 삶을 사는 것이 아니라 다른 사람들도 풍성케 할 수 있습니다. 하나님이 아브라함을 부르셔서 그에게 복을 주셨습니다. 그리고 그에게 복의 통로가 되라는 사명을 맡기셨습니다(창 12:2-3). 하나님이 우리에게 많은 복을 주시는 이유는, 그 복을 세상에 유통하라는 뜻입니다.

우리는 가끔 심각한 결핍을 경험할 때가 있습니다. 몸의 면역력과 에너지의 결핍을 경험할 때가 있습니다. 물질적인 결핍과 정서적인 결핍, 그리고 영적인 결핍을 경험할 때가 있습니다. 때로는 모든 에너지가 소진되어 탈진을 경험하기도 합니다. 그때 우리는 무력해집니다. 주저앉게 됩니다. 나약해집니다. 의욕을 상실하고, 낙담하게 됩니다. 마치 차의 기름이 바닥난 것과 같은 상황입니다. 기름이 없으면, 차가 움직이지 못합니다. 차를 움직이게 하려면, 주유소에 가서 기름을 충분히 채워야 합니다. 차도 기름을 채우려면 잠시 멈추어야 합니다. 멈춤은 움직임을 위한 매우 중요한 일입니다.

모든 것이 고갈되기 전에 잠시 멈출 줄 아는 것이 지혜입니다. 잠시 멈추어 충분한 공급을 받아야 합니다. 저는 어릴 적에 몸이 쇠약한 편이었습니다. 가끔 이상하게 비위가 상하고, 입에서 침이 조금씩 흘러나오는 경험을 하기도 했습니다. 제게 그런 증상이 나타날 때면, 어머니는 찹쌀밥을 준비해 주셨습니다. 집이 가난해 쌀밥을 구경하기도 어려운 형편이었지만, 어머니는 저를 위해 찹쌀을 구해다가 찹쌀밥을 해 주셨습니다. 어머니가 정성스럽게 준비해 주신 찹쌀밥을 몇 끼 먹고 나면 신비롭게도 몸이 회복되었습니다.

잠시 멈추어 은혜를 충만히 받는 것이 지혜입니다. 기력이 쇠약해질 때 영양분을 충분히 보충하듯이 은혜도 충만히 받아야 할 때가 있습니다. 은혜를 충만히 받기 위해서는 은혜가 임하는 자리에 있어야 합니다. 풍성한 은혜를 받기 위해 마음의 문을 열어야 합니다. 거룩한 기대를 품고, 마음 그릇을 준비해야 합니다. 무엇보다 기도로 준비해야 합니다. 하나님의 은혜를 받으면 우리 인생이 달라집니다. 새로운 문이 열립니다. 새로운 길이 열립니다. 새로운 만남이 시작되고, 새로운 역사가 전개됩니다.

마음 건강의 적신호에 필요한
응급조치법

사람은 접촉을 통해 사랑하고, 접촉을 통해 치유됩니다. 예수님과 접촉한 사람들은 치유를 경험했습니다. 사람은 접촉을 통해 따뜻한 사랑의 온기를 느낍니다. 접촉을 통해 교감하고 공감합니다. 접촉을 통해 기억합니다. 접촉은 우리 기억 속에 흔적을 남깁니다. 우리가 맛본 것을 기억하듯, 우리는 접촉한 것을 기억합니다.

몇 년 전에 우리는 코로나19 펜데믹으로 인해 자가 격리를 강요받는 시절을 보내야 했습니다. 자가 격리는 서로 접촉하지 않는 것을 의미합니다. 그래서 당시에 이른바 언컨택트(Uncontact) 시대가 도래했다고도 했습니다.

접촉이 금지되어 서로 손을 잡아 주거나 안아 줄 수조차 없는 자가 격리의 현실 때문에 '코로나 블루'(COVID-19 Blue)라는 말이 생겨나기도 했습니다. 코로나 블루란 '코로나19'와 '우울감'(blue)의 합성어입니다. 즉 코로나19 펜데믹 때문에 생긴 정서적인 문제를 뜻합니다. 펜데믹으로 인해 두려움, 염려, 불안, 분노, 그리고 우울증 등의 심리적 고통을 겪은 분들이 많았습니다. 정서적으로 불안하기 때문에 쉽게 화를 내거나 짜증을 내는 이들이 많았고, 그런 분노가 우울증으로 발전한 것입니다.

우리는 몸의 건강과 함께 마음의 건강도 잘 돌보아야 합니다. 몸을 다칠 때만 응급조치가 필요한 것이 아닙니다. 마음을 다쳤을 때, 즉 정서적으로 문제가 생겼을 때도 응급조치를 할 줄 알아야 합니다. 두려움과 불안이 몰려올 때, 그 위험성을 알고 응급조치할 줄 아는 사람이 지혜로운 사람입니다. 그렇다면, 마음의 응급조치는 어떻게 해야 할까요?

첫째, 잠시 멈추어 생각하십시오. 잠시 멈춤이 중요합니다. 잠시 멈추고 자신의 감정을 조용히 바라보십시오. 감정은 자주 바뀝니다. 그래서 감정을 너무 믿어서는 안 됩니다. 감정은 그림자와 같습니다. 때로는 실체가 아닙니다. 문제는 우리가 그림자만 보고 너무 놀라는 데 있습니다. 감정을 자세히 바라보면 감정의 실체가 보입니다. 더 중요한 것은 감정의 원인을 헤아리는 것입니다. 대부분의 감정 문제는 잘못된 기대에서 생깁니다. 비현실적인 생각에서 생깁니다. 잠시 멈추어 감정을 바라보면 감정은 자신의 실체를 드러냅니다. 잠시 멈춘다는 것은 좋지 않은 감정을 인식한 후에 그 감정을 흘려보내는 것입니다. 더 이상 말을 걸지 않는 것입니다.

둘째, 마음의 응급조치를 위해 생각을 바꾸는 훈련을 하십시오. 감정의 뿌리는 생각에 있습니다. 두려운 생각을 하면 두려운 감정이 생깁니다. 염려하는 생각을 하면 염려하는 감정이 생깁니다. 반면에 우리가 믿음의 생각을 품게 되면 담대한 감정이 생깁니다. 좋은 생각을 하면 좋은 감정이 생깁니다. 생각을 선택하고 바꾸는 것은 우리가 얼마든지 할 수 있습니다. 물론 연습하고 훈련해야 합니다. 다른 사람의 생각을 바꾸는 것은 어렵지만, 자신의 생각은 스스로 선택하면 언제든지 바꿀 수 있습니다. 텔레비전 채널을 바꾸는 것처럼, 생각의 채널을 바꾸는 훈련을 하십시오. 생각을 바꾸는 가장 좋은 방법은 성경 암송입니다. 말씀을 묵상하면서 하나님을 잠잠히 바라보는 것입니다.

셋째, 호흡 기도를 드리십시오. 하나님은 사람을 만드시고 그에게 하나님의 생기를 불어넣어 주셨습니다. 하나님의 생기는 곧 하나님의 호흡입니다. 하나님의 생기가 코에 들어가니 사람이 생령이 되었습니다(창 2:7). 호흡에 비밀이 있습니다. 운동선수나 악기 연주자 들이 가장 중요하게 여기는 것이 호흡입니다.

예수님이 부활하신 후에 두려워 떨고 있는 제자들을 찾아가셨습니다. 그들을 향하여 숨을 내쉬며 "성령을 받으라"(요 20:22)라고 말씀하셨습니다. 예수님이 숨을 내쉬며 성령님을 받으라고 말씀하신 것을 묵상해 보십시오. 우리 몸과 마음과 영혼의 건강은 호흡과 밀접한 관련이 있습니다. 호흡 기도를 하는 중에 성령님과 교제하십시오. 때로는 긴장을 풀고 심호흡만 몇 번 해도 마음이 차분해집니다. 감정이 누그러집니다. 분노가 멈춥니다. 들숨과 날숨 중에 하나님께 기도를 드리십시오. 깊이 호흡하며 예수 그리스도의 이름을 부르십시오.

넷째, 조용히 미소를 지어 보십시오. 하나님께 따뜻한 미소를 선물해 드리십시오. 따뜻한 미소를 지으면 얼굴만 펴지는 것이 아니라 움츠린 마음이 펴집니다. 마음이 따뜻해집니다. 미소를 지으면서 자신을 꼭 껴안아 주십시오. 자신을 껴안아 주면서 괜찮다고 말해 주십시오. 조용히 산책하는 것도 좋은 방법입니다. 산책할 때, 좋은 호르몬이 나와 우리 마음이 치유됩니다.

어느 정도의 정서적인 문제는 제가 알려 드린 응급조치법으로 해결될 것입니다. 제가 경험적으로 실험해 본 결과입니다. 특별히 짧은 한 절의 성경 말씀을 하루 종일 조용히 묵상하면서 기도해 보십시오. 놀라운 평강을 경험하게 될 것입니다. 그러나 이것은 응급처치에 불과합니다. 문제가 너무 깊어지면, 전문의와 상담하거나 훌륭한 크리스천 상담자를 만나십시오. 필요하다면, 약을 처방받아 복용하는 것도 좋습니다.

바울은 "기도에 감사함으로 깨어 있으라"(골 4:2하)라고 권면합니다. 특별히 "감사함으로 깨어 있으라"라는 말씀 속에 아주 소중한 지혜가 담겨 있습니다. 묵상을 배울 때, 가장 중요한 것은 '깨어 있음'입니다. 묵상하려면, 먼저 깨어 있어야 합니다. 깨어 있음은 '주의를 기울이는 것'입니다. 깨어 있음은 '깨달음'을 의미합니다. 깨어 있지 않고는 깨달을 수 없습니다. 깨어 있음은 '눈 뜸'을 의미합니다. 깨어 있음은 '발견'을 의미합니다. 깨어 있을 때, 우리는 모든 상황을 통해 축복하시는 하나님의 은혜를 깨닫게 됩니다.

고요한 마음은
풍성한 열매를 맺습니다

고요한 마음이 맺는 풍성한 열매는 첫째, 고요한 평강입니다. 평강은 고요 속에 깃듭니다. 평강은 염려가 사라진 상태입니다. 염려는 고요를 깨뜨립니다. 그래서 우리는 염려를 이해하고, 잘 다루어야 합니다. 염려를 잘 다루기 위해서는 염려가 아무 도움이 안 된다는 사실을 이해해야 합니다. 성경은 "너희 중에 누가 염려함으로 그 키를 한 자라도 더할 수 있겠느냐"(마 6:27)라고 말합니다. 염려는 비생산적인 것이라는 뜻입니다.

염려는 우리 마음에 의심을 불러옵니다. '염려'라는 단어에는 "마음이 나뉘다"라는 뜻이 내포되어 있습니다. 염려는 불안을 친구로 삼습니다. 불안은 마음이 나누인 상태입니다. 나뉘는 것은 좋지 않습니다. 하나가 되어야 하며, 초점을 맞추어야 하며, 한마음이 되어야 합니다. 고요한 평강은 한마음입니다. 사도 바울은 "너희 염려를 다 주께 맡기라 이는 그가 너희를 돌보심이라"(벧전 5:7)라고 말했습니다. 염려를 해결하는 길은 기도로써 염려를 하나님께 맡기는 것입니다. "아무것도 염려하지 말고 다만 모든 일에 기도와 간구로" 우리가 구할 것을 감사함으로 하나님께 아뢰면 그때 하나님의 평강이 임합니다(빌 4:6-7).

둘째, 고요한 마음이 맺는 열매는 고요한 지혜입니다. 고요한 통찰력입니다. 고요한 분별력입니다. 고요해질 때, 마음은 호수가 됩니다. 고요한 호수는 맑습니다. 밝습니다. 맑고 밝아지면, 이전에 안 보이던 것이 보입니다. 고요한 호수는 낮에는 푸른 하늘과 하얀 구름을 품습니다. 밤에는 어둠을 비추어 주는 달을 품습니다. 고요한 호수처럼 마음이 맑아지고 밝아지면, 놀라운 지혜들이 조용히 임합니다. 영감이 넘치게 됩니다. 이전에 생각지 못했던 문제 해결책이 떠오릅니다. 고요를 가꾸는 시간은 결코 낭비가 아닙니다. 고요는 하늘의 지혜를 선물해 줍니다.

셋째, 고요한 열정입니다. 열정은 성취의 비결입니다. 열정 없이 위대한 일을 이룰 수가 없습니다. 그래서 많은 사람이 열정적인 사람을 좋아합니다. 하지만 모든 열정이 좋은 것은 아닙니다. 올바른 지식을 겸비하지 못한 열정은 위험합니다(참조, 롬 10:2). 분노를 다스리지 못한 열정은 파괴적이고, 폭력적입니다. 아쉽게도 뜨거운 열정은 쉽게 식습니다. 빨리 핀 꽃이 먼저 지는 것과 같습니다. 하지만 고요한 열정은 절제된 열정입니다. 푸른 열정입니다. 시작한 것을 지속하고 완수하는 열정입니다. 성실은 고요한 열정의 친구입니다. 그래서 고요한 열정을 품은 사람들을 신뢰하게 됩니다.

고요의 원천은 하나님이십니다. 반면에 사탄은 시끄럽고 불안하게 만듭니다. 고요의 원천이신 하나님과 날마다 교제하십시오. 고요는 고요를 낳습니다. 고요함은 날마다 가꾸어야 하는 영혼의 아름다움입니다. 날마다 고요함을 가꾸어 만나는 분들에게 고요함을 선물해 주십시오. 고요함에 담긴 주님의 평강을 선물해 주시길 바랍니다.

2장

관계 속에서 지혜가 자랍니다

바셋하운드 덕분에
사랑의 필수조건을 배웁니다

저는 어릴 적부터 개를 무서워했습니다. 개가 짖으면 온몸에 닭살이 돋고 가슴이 뛰었습니다. 그래서 절대로 개는 키우지 않으리라 생각했습니다. 그런데 우리가 경험하는 것처럼 세상이 우리 생각대로만 되는 것은 아니지 않습니까.

얼마 전 사위가 바셋하운드(basset hound)라는 개를 입양해 왔습니다. 사위와 딸이 개의 이름을 로리(Rori)로 지었습니다. 로리는 작은 애완용 개가 아니라 중형 개입니다. 사위가 로리를 집에 데려올 때마다 어찌해야 할지를 몰랐습니다. 말은 안 했지만, 내심 당황스러웠습니다. 도대체 어떻게 소통해야 할지를 몰랐습니다. 저만 보면 으르렁거리며 짖어 댑니다. 인격적으로 대하려고 하지만, 도대체 제 말을 알아듣질 못합니다. 먹이를 주려고 다가가면 마구 짖어 댑니다. 물을 주려고 수도꼭지를 틀었는데, 흥분해서 뛰어다닙니다. 어쩔 수 없이 먹이를 준 후에 재빨리 도망치듯 방으로 들어

올 때마다 세상 살맛이 나지 않았습니다. 교회에서 의젓하게 행동하는 제 모습에 비하면 초라하기 그지없었습니다. 개 한 마리 제대로 길들이지 못하면서 무엇을 하겠다는 건지 모르겠다는 자책감도 들었습니다.

그래서 개에 관해 연구하기 시작했습니다. 우선 바셋하운드부터 인터넷에서 검색해 보았습니다. 인터넷에 나온 내용은 다음과 같습니다. 바셋하운드의 원산지는 프랑스인데, 다리가 짧고 몸집이 큰 개입니다. 고집이 세서 길들이기가 힘이 듭니다. 기회가 있으면 게으름을 피우기 때문에 살찌기가 쉽습니다. 하지만 토끼와 오소리 사냥에 탁월합니다. 바셋하운드의 짖는 소리는 마치 뱃고동 소리처럼 크고 탁합니다. 잘 생기지는 않았고, 곁눈질로 노려보는 것을 좋아합니다. 눈치를 잘 봅니다. 저를 쳐다보는 모습이 그렇습니다. 노려보기도 하고, 제 눈치를 살피기도 합니다. 때로는 저를 우습게 여기는 것 같은 느낌이 들 때도 있습니다.

우리 집에 개가 들어온 날부터 저는 개의 심리를 공부하기 시작했습니다. 특별히 미국에서 활동하는 멕시코 출신의 개 훈련사 세사르 밀란(Cesar Millan)이 쓴 《도그 위스퍼러》라는 책이 많은 도움을 주었습니다. 이 책은 개와 사람이 다르다고 말합니다. 개는 본래 늑대 과에 속하며 개에게 필요한 것은 운동과 훈련과 애정인데, 특히 리더십이 먼저이며 그 후에 애정이라고 합니다. 개를 움직이는 가장 강력한 힘은 에너지이고, 개는 코, 눈, 귀의 순서로 모든 상황을 판단하니다. 개에게는 인간과는 다른 언어가 있으며, 다른 질서가 있다고 합니다.

저는 개를 사랑하기 위해 먼저 개를 이해해야 했습니다. 개를 사랑하기 위해 소통하는 법을 배워야 했습니다. 개와 소통하기 위해서는 개를 이해하고, 개의 심리를 알고 접근해야 함을 배웠습니다. 개는 인격적으로 대하기 전에 개처럼 대해야 함을 배웠습니다. 개 안에는 늑대의 본성이 있음을 알았습니다. 개는 사람이 아니라 동물임에 틀림이 없습니다. 그렇지만 개는 사람들과 아주 가까이서 수천 년 동안을 함께 지내온 동물입니다. 개는 누구보다 우두머리에게 복종하며 복종하는 상태에 있을 때 가장 행복해한다는 사실을 배웠습니다. 개는 사회적인 동물이며 영역을 잘 구분해 주어야 함을 배웠습니다. 개의 심리를 배우면서 개에 대한 두려움을 극복하기 시작했습니다.

저는 개를 이해하기 위해 개를 오랫동안 키운 분들에게 조언을 구했습니다. 무엇을 좋아하는지, 어떻게 대화해야 하는지를 배웠습니다. 개를 사랑하는 분들의 조언은 큰 도움이 되었습니다. 개를 키우면서 개를 사랑하는 분들의 마음을 알게 되었습니다. 무엇보다 다시 한번 사랑은 결단이며, 사랑은 두려움을 물리칠 수 있다는 것을 배우고 있습니다. 개에게도 애정이 필요하다는 것을 배우고 있습니다.

그렇다면 사람은 말할 것도 없습니다. 사랑을 위해 서로를 이해하도록 합시다. 사랑하는 것만큼 이해하고, 이해하는 것만큼 사랑한다는 사실을 기억합시다.

친밀한 사랑의 비밀을
배우십시오

친밀한 사랑은 모든 사람이 갈망하는 바입니다. 하나님의 형상을 따라 지음받은 인간은, 사랑하고 사랑을 받을 때 행복합니다. 그 이유는 하나님은 사랑이시기 때문입니다. "하나님이 우리를 사랑하시는 사랑을 우리가 알고 믿었노니 하나님은 사랑이시라 사랑 안에 거하는 자는 하나님 안에 거하고 하나님도 그의 안에 거하시느니라"(요일 4:16). 우리는 사랑의 하나님 안에서 창조되었으므로 하나님의 사랑의 유전자(DNA)가 우리 안에 심겨 있습니다. 그래서 우리 안에는 하나님의 사랑의 씨앗이 담겨 있습니다.

가장 중요한 것은 우리 안에 있는 하나님의 사랑을 인식하는 것입니다. 인식(認識)의 한자를 보면, 알 인(認)과 알 식(識)입니다. 즉 인식이란 아는 것, 알아차리는 것입니다. 사랑을 인식한다는 것은, 하나님의 사랑이 우리 안에 있음을 알아차리는 것입니다.

우리는 자신이 소유하고 있는 것을 알 때 그 소유한 것을 사용할 수 있고, 그것을 키울 수 있습니다. 우리는 자신이 소유한 것만 나눌 수 있습니다. 소유하지 않은 것은 나눌 수 없습니다. 신비롭게도 저를 포함한 많은 사람이 자신이 무엇을 소유했는지를 잘 모릅니다. 자신 안에 불멸의 다이아몬드가 있음을 잘 모릅니다. 자신 안에 있는 무한한 잠재력과 엄청난 가능성을 모른 채 살아갑니다. 예수님의 말씀이 제게 충격을 줍니다. "무릇 있는 자는 받아 풍족하게 되고 없는 자는 그 있는 것까지 빼앗기리라"(마 25:29). 그러므로 자신이 소유한 것을 깨닫는 것이 중요합니다.

어떻게 하면 자신이 소유한 것을 발견할 수 있을까요? 하나님을 만날 때 우리 안에 있는 무한한 잠재력을 발견하게 됩니다. 만남은 눈뜸입니다. 하나님과의 만남을 통해 우리는 자신 안에 있는 잠재력을 발견하게 됩니다. 또한 좋은 만남을 통해 자신 안에 있는 가능성을 발견하게 됩니다. 그래서 만남이 중요합니다. 좋은 만남은 어떤 만남일까요? 서로의 가능성을 알아보고 말해 주는 만남입니다. 우리는 누군가가 우리가 소유하고 있는 것을 말해 줄 때 알아차리게 됩니다. 알아차리는 순간 변화가 시작됩니다. 눈뜸과 알아차림이 우리 삶을 풍성케 합니다.

하나님이 우리 안에 넣어 주신 본능 가운데 가장 강력한 것은 성장 본능입니다. 어린아이를 관찰해 보십시오. 그들 안에는 넘치는 성장 본능이 있습니다. 날마다 키가 자라고, 지성이 자라고, 지혜가 자랍니다. 사랑도 자랍니다. 조금만 성장해도 동생을 돌보고, 엄마가 하는 일을 도와주고 싶어 합니다. 엄마 입에 맛있는 것을 넣어 주려고 합니다. 성장 본능은 곧 사랑 본능입니다.

모든 사람이 친밀한 사랑을 갈망하지만, 결코 쉽지 않습니다. 친밀한 사랑을 위해서는 대가를 치러야 합니다. 희생 없는 친밀한 사랑은 불가능합니다. 익숙함과 친밀함은 다릅니다. 익숙함은 피상적입니다. 익숙함은 겉모습만 보여 주는 관계입니다. 익숙해지면 함부로 대하는 경향이 있어, 무례함을 낳습니다. 무례함을 친근하다고 착각하는 사람들이 있습니다. 가까운 사이이기에 함부로 대해도 된다고 생각합니다. 말이 짧아지고, 반말하거나 말투가 거칠어지기도 합니다. 그러나 그것은 친밀함이 아니라 익숙함이며 무례함입니다.

친밀한 사랑의 비밀은 겸손에 있습니다. 서로의 연약함을 인정하는 겸손에서 친밀함이 시작됩니다. 강하면 경쟁하고 다투지만, 약하면 연합하고 하나가 됩니다. 그래서 연약함 속에서 우리는 더욱 따뜻하고 부드럽게 서로를 대하게 됩니다. 헨리 나우웬은 "친밀함의 비밀은 연약함에 있다"라고 말합니다. 친밀한 사랑을 위해서 무장 해제를 할 줄 알아야 합니다. 그래서 헨리 나우웬은 가정의 식탁과 부부의 친밀한 자리에서 친밀한 사랑을 나눌 수 있다고 말합니다. 군인도 식탁과 침실에서는 무장 해제를 하기 때문입니다. 남을 공격하는 무기를 내려놓을 때, 비로소 친밀한 사랑을 나눌 수 있습니다.

친밀한 사랑의 비밀은 긍휼에 있습니다. 누군가를 비판하면서 사랑할 수는 없습니다. 누군가를 정죄하거나 비난하면서 사랑할 수는 없습니다. 우리가 누군가를 비판하는 동안 그 사람 안에 있는 나쁜 것들이 눈에 들어옵니다. 반면에 누군가를 긍휼의 눈으로 바라볼 때, 비판을 내려놓게 됩니다. 긍휼의 눈으로 바라볼 때, 약점도 부족한 점도 이해하게 됩니다. 결국, 우리는 이해하는 만큼 사랑할 수 있습니다. 긍휼을 품으면 상대방 안에 있는 그림자까지 사랑하게 됩니다.

친밀한 사랑의 비밀은 존중에 있습니다. 미국의 사회학자 에리히 프롬(Erich Fromm)은 "성숙한 사랑은 소유가 아니라 존재"라고 말합니다. 소유 중심으로 사는 사람은 무엇인가를 소유하기까지 최선을 다합니다. 하지만 소유한 다음에는 함부로 대합니다. 그래서 결혼 전에는 최선을 다하다가 결혼하고 나서는 상대방을 '소유'했다는 생각에 더 이상 헌신하지 않는 경우가 많습니다. 그러나 성숙한 사랑은 억압하거나 가두어 두는 것이 아니라 뿌리와 날개를 함께 주는 것입니다. 성숙한 사랑은 상대방의 인격을 존중하고, 무례히 행하지 않습니다(고전 13:5). 사랑하는 대상에게 필요한 경계를 지켜 줍니다.

친밀한 사랑의 비밀은 사랑의 기술을 배우는 데 있습니다.

피아노를 연주하는 것을 배우고 익히는 것처럼, 사랑의 기술도 배우고 익혀야 합니다. 사랑의 기술은 평생 배우고 익혀야 합니다. 늘 기본에 충실해야 합니다. 친밀한 사랑을 위해 지속적으로 책을 읽어야 합니다. 결혼 생활에 도움이 되는 세미나에 참석해야 합니다. 친밀한 사랑을 나누는 사람들에게 배워야 합니다. 필요하면 상담을 받는 것도 좋습니다. 무엇보다 성삼위 하나님의 친밀한 사랑을 배워야 합니다.

인생은 서로 미워하고 다투며 살기에는 너무 짧습니다. 친밀한 사랑의 비밀을 배우고 익혀서 풍성한 삶을 사시길 빕니다.

사랑에 깊이 뿌리내리십시오

저는 뿌리에 관심이 많습니다. 그래서 《뿌리 깊은 영성》이란 책을 쓴 것 같습니다. 뿌리는 보이지 않습니다. 하지만 나무의 뿌리는 나무의 미래를 결정합니다. 뿌리 깊은 나무는 흔들리지 않습니다. 반면에 뿌리가 얕은 나무는 폭풍우가 불어오면 쉽게 쓰러집니다.

뿌리는 지탱하는 역할을 합니다. 뿌리가 견고할 때 나무는 어떤 상황에서도 잘 지탱합니다. 뿌리는 보존하고 저장하는 역할을 합니다. 뿌리는 생수를 흡수해서 보존하고 영양분을 저장합니다. 뿌리는 땅속을 향해 뻗어 가는 성질을 가지고 있습니다. 생수를 찾기 위해 땅속을 깊이 파고 들어갑니다. 이와 같은 성질을 굴지성(屈地性)이라고 합니다. 반면에 식물의 잎과 가지는 빛을 향해 뻗어 갑니다. 이와 같은 성질을 굴광성(屈光性)이라고 합니다.

뿌리는 자신을 감추고, 과시하지 않습니다. 식물의 뿌리가 자신을 과시하게 되면 태양과 맞서게 됩니다. 그 결과, 식물은 순식간에 말라 버리고 맙니다. 뿌리의 지혜는 자신을 감추는 데 있습니다. 뿌리의 지혜는 대지의 밑바닥을 향해 깊이깊이 뻗어 내려가는 데 있습니다. 뿌리의 지혜는 어두운 데서 성장하는 데 있습니다. 나무를 위로 성장시키기 위해 먼저 아래로 내려가는 것입니다. 서서히 뿌리를 확장해 나가는 것은 뿌리의 지혜입니다.

중국의 대나무 가운데 '모소'라는 대나무가 있습니다. 이 대나무는 씨앗을 심으면 4년 동안 뿌리만 내립니다. 뿌리를 사방으로 뻗칩니다. 그리고 5년째 되었을 때, 비로소 땅 밖으로 자신의 정체를 드러내어 순식간에 자라기 시작합니다. 6주 만에 15m 이상 성장하게 됩니다. 대나무의 지혜는 자신을 감추고, 뿌리를 키우는 데 있습니다.

뿌리는 공급하는 역할을 합니다. 겨울나무는 잎사귀를 떨어뜨린 후에 나목(裸木)이 되어 오직 뿌리만을 돌봅니다. 겨우내 나무가 아무것도 하지 않는 것처럼 보이지만, 실상은 뿌리를 돌보고 있는 것입니다. 겨울에는 뿌리로 영양분을 충분히 섭취하고, 봄이 오면 나무 전체에 영양분을 공급합니다. 그러고 나서 싹을 틔우고, 아름다운 꽃을 선물해 줍니다. 꽃이 떨어진 자리에 풍성한 열매를 맺습니다. 이 모든 일의 시작이 뿌리에 있습니다. 뿌리가 허약하면, 나무는 높이 자랄 수 없습니다. 옆으로 뻗어 나갈 수도 없습니다. 또한 풍성한 열매를 맺을 수 없습니다. 그러므로 우리는 뿌리에 관심을 가져야 합니다.

일본의 식물학자 이나가키 히데히로(稲垣栄洋)는 자신의 저서 《잡초의 성공전략》에서 볏과 잡초에 속하는 '메귀리'를 소개합니다. 메귀리는 키가 1m밖에 되지 않는데 그 실같이 가느다란 뿌리를 모두 이어 붙이면, 550km나 된다고 합니다. 550km면 서울에서 제주도까지의 거리와 맞먹는 길이입니다. 뿌리를 통해 잡초가 왜 그토록 강력한 생존력을 가졌는지를 알 수 있습니다.

지혜로운 사람은 나무가 뿌리를 가꾸듯이 보이지 않는 것을 잘 가꾸는 사람입니다. 하나님은 보이지 않는, "숨은 사람"을 잘 가꾸라고 말씀하십니다. "오직 마음에 숨은 사람을 온유하고 안정한 심령의 썩지 아니할 것으로 하라 이는 하나님 앞에 값진 것이니라"(벧전 3:4). 하나님은 우리 속사람을 강건케 하라고 말씀합니다. "그의 영광의 풍성함을 따라 그의 성령으로 말미암아 너희 속사람을 능력으로 강건하게 하시오며"(엡 3:16). 바울은 성도들의 내면에 그리스도의 형상이 이루어지도록 해산하는 수고를 했습니다(갈 4:19).

가장 강력한 힘은 우리 내면에서 나옵니다. 그런 까닭에 우리는 마음의 근육을 잘 키우도록 해야 합니다. 마음이 흔들리면, 인생이 흔들립니다. 하지만 마음이 견고하면, 어떤 환경에서도 견고히 설 수 있습니다. 마음을 가꾸기란 쉬운 일이 아닙니다. 마치 정원을 가꾸듯이 날마다 정성을 다해 가꾸어야 합니다. 마음을 가꾸어야 하는 이유는 마음이 존재의 뿌리이기 때문입니다.

뿌리를 돌본다는 것이 무엇을 의미합니까? 근본(根本)에 집중한다는 뜻입니다. 기본(基本)에 충실하다는 것입니다. 거듭 기본으로 돌아가고, 본질(本質)로 돌아가야 합니다. 기본에 충실한 사람은 그 성장의 끝을 알 수 없습니다. 그러나 기본에 충실하지 않은 사람은 모래 위에 집을 지은 사람과도 같습니다. 어느 순간, 쉽게 무너지고 말 것입니다. 뿌리를 돌보는 것은 거듭 원천(源泉)으로 돌아가는 것이며 거듭 원천에 머무는 것입니다. 우리 영혼의 원천은 그리스도의 사랑입니다. 사도 바울은 그리스도의 사랑에 뿌리를 깊이 내리라고 권면합니다.

> 너희가 사랑 가운데서 뿌리가 박히고 터가 굳어져서 능히 모든 성도와 함께 지식에 넘치는 그리스도의 사랑을 알고 그 너비와 길이와 높이와 깊이가 어떠함을 깨달아 하나님의 모든 충만하신 것으로 너희에게 충만하게 하시기를 구하노라 (엡 3:17하-19)

우리 영혼은 그리스도의 사랑을 먹고 마시며 살아갑니다. 그리스도의 사랑을 공급받을 때, 우리는 안전하며 행복합니다. 충만합니다. 풍성한 삶을 살게 됩니다.

사랑하면 주고,
용서하고,
잊습니다

사랑한다는 것은 아름다운 것입니다. 고귀한 것입니다. 인간은 사랑하고 사랑받을 때 행복합니다. 프랑스의 작가이며 시인인 빅토르 위고(Victor Hugo)는 "삶의 최상의 행복은 자신이 사랑을 받고 있다는 확신이다"라고 말했습니다. 헨리 나우웬은 《공동체》에서 "기도란 당신을 '내 사랑하는 딸', '내 사랑하는 아들', '내 사랑하는 자녀'라 부르시는 그분의 음성을 듣는 것이다. 기도란 그 음성을 내 존재의 중심에서, 내면에서 듣고, 그 음성이 내 전 존재에 울려 퍼지게 하는 것이다. '나는 누구인가?' '나는 사랑받는 존재다.'"라고 말했습니다. 기도의 핵심은 하나님의 사랑의 음성을 듣는 데 있다는 말입니다.

우리는 날마다 세상의 소리를 들으며 살아갑니다. 세상은 "너는 부족하다"라고 말합니다. "너는 아직 멀었다"라고 말합니다. 그 소리는 율법의 소리와도 같습니다. 율법은 우리가 아무리 노력해도 부족하다고 말합니다. 반면에 복음은 우리를 무조건적으로 사랑합니다. 하나님의 사랑이 있으니 부족함이 없다고 말해 줍니다. 하나님은 우리 각자를 상품이 아닌 걸작(傑作, masterpiece)으로 만드셨다고 말해 줍니다(엡 2:10). 세상은 서로를 비교하게 만들어 교만하거나 비참하게 만듭니다. 하나님이 만드신 불후의 걸작품을 상품으로 전락시킵니다.

우리는 하나님의 사랑에 뿌리를 내릴 때 가장 안전합니다. 우리는 사랑 가운데서 뿌리가 박히고 터가 굳어져야 합니다(엡 3:17). 하나님의 사랑을 알고, 그 사랑의 너비와 길이와 높이와 깊이를 깨달을 때 충만함을 경험하게 됩니다(엡 3:18-19). 우리 삶은 하나님의 사랑을 깨닫고, 그 사랑을 경험하고, 그 사랑을 다른 사람과 나눌 때 풍성해집니다.

저는 하나님의 풍성한 사랑 가운데 세 가지 비밀을 나누고 싶습니다. 첫째, 사랑은 주는 것입니다(Give). 누군가를 진정으로 사랑하면, 가장 소중한 것을 주게 됩니다. 베다니에서 한 여인은 예수님을 사랑한 까닭에 매우 값진 향유, 곧 "순전한 나드 한 옥합"을 아낌없이 깨뜨려 예수님의 머리에 부어 드렸습니다. 하나님의 사랑은 '주는 사랑'입니다. 하나님 아버지는 우리를 사랑하셔서 독생자를 주셨습니다. 하나님은 "세상을 이처럼 사랑하사 독생자를"(요 3:16) 주셨습니다. 사도 바울은 "자기 아들을 아끼지 아니하시고 우리 모든 사람을 위하여 내주신 이가 어찌 그 아들과 함께 모든 것을 우리에게 주시지 아니하겠느냐"(롬 8:32)라고 말합니다. 사랑의 비밀은 주는 데 있습니다.

밀알 하나가 땅에 떨어져 완전히 자라 이삭이 영글면 30-50배의 열매를 맺습니다. 감자 한 조각을 심으면 60여 개의 감자를 얻는다고 합니다. 사과 씨를 심으면, 나무가 자라 매년 풍성한 사과를 선물해 줍니다. 사랑을 주는 것은 씨앗을 심는 것과 같아서 우리 삶을 더욱 풍성하게 만들어 줍니다. 움켜쥐지 않고, 두 손을 펴서 베풀 때, 사랑이 풍성해집니다.

둘째, 사랑은 용서하는 것입니다(Forgive). 사랑은 주는 것뿐만 아니라 용서해 주는 것입니다. 용서는 쉬운 일이 아닙니다. 우리를 괴롭히고, 우리의 소중한 것을 빼앗아 간 사람들을 용서한다는 것은 결코 쉬운 일이 아닙니다. 그러나 하나님은 우리가 용서의 사랑을 베풀기를 원하십니다. 예수님은 십자가에서 자신을 못 박은 사람들을 용서해 주셨습니다(눅 23:34). 예수님은 우리 죄를 대신 담당하시고 우리를 용서하여 구원해 주기 위해 오셨습니다(사 53:6; 마 1:21).

용서받고 용서를 베푸는 것은 위대한 일입니다. 하나님은 우리가 용서의 사람이 되길 원하십니다. 그 이유는 누군가를 미워하여 원한을 품고 복수하려는 마음이 우리의 행복을 앗아 가기 때문입니다. 우리는 용서함으로써 자유함에 이를 수 있습니다. 우리를 괴롭힌 사람들을 잊는 길은 그들을 용서하는 것입니다. 그래야 비로소 잊을 수 있습니다. 용서는 과거를 떠나보내고, 우리에게 새로운 미래를 열어 줍니다.

셋째, 사랑은 상대방의 죄와 허물을 잊어 주는 것입니다 (Forget). 하나님의 사랑은 우리 죄와 허물을 용서하실 뿐 아니라 다시는 기억하시지 않는 것입니다. "내가 그들의 불의를 긍휼히 여기고 그들의 죄를 다시 기억하지 아니하리라 하셨느니라"(히 8:12). 하나님은 우리 죄를 용서하신 후에는 다시 기억하지 않으십니다. 우리 과거의 죄와 우리를 불리하게 만드는 죄 문서를 십자가에서 완전히 지워 버리셨습니다(골 2:13-14).

지우개는 인류가 만든 가장 위대한 발명품 중 하나입니다. 잘못 쓴 것을 지울 수 있는 지우개는 최대의 발명품입니다. 컴퓨터 기능 가운데 가장 좋은 기능은 삭제(Delete)입니다. 우리도 하나님의 사랑을 따라 다른 사람을 용서할 뿐만 아니라 죄를 잊어 주는 사랑을 베푸는 훈련을 해야 합니다.

사랑은 훈련입니다. 저절로 자라는 것은 잡초뿐입니다. 참된 사랑은 정원을 가꾸듯이 날마다 가꾸어야 합니다. 그때 우리 삶이 풍성해집니다. 우리는 하나님의 사랑하는 자녀요 기뻐하시는 자녀입니다(마 3:17). 그러므로 성령으로 말미암아 우리 마음에 부어진 하나님의 사랑에 힘입어 이웃을 더욱 사랑하시길 빕니다(롬 5:5).

우리에게 필요한
네 가지 사랑의 지혜

언젠가 왠지 모르게 힘든 날이 있었습니다. 밤이 되니 쓸쓸함과 외로움이 밀려왔습니다. 가끔 예고 없이 찾아오는 반갑지 않은 손님입니다. 우울함이 조용히 내려앉아 작은 흔들림을 만들었습니다. 어떤 생각이나 감정은 가만두면 마음 깊숙이 들어와 자리를 잡으려고 합니다. 그럴 때 가장 좋은 방법은 움직이는 것입니다. 무엇이든 시도해 보고, 작은 변화를 일으켜 보는 것이 좋습니다. 너무 깊이 빠져들면 안 될 것 같아서 성경책을 펴 읽기 시작했습니다. 그리고 제 마음을 달래 줄 수 있는 책을 꺼내 읽었습니다. 아침에 일어나 보니 마음이 훨씬 가벼워져 있었습니다. 그러다 문득 깨달음이 왔습니다. 항상 행복할 수는 없다는 사실과 무한한 행복은 존재하지 않는다는 사실이었습니다.

인생은 자연의 사계절과 같습니다. 바다의 밀물과 썰물처럼 오르락내리락합니다. 항상 같은 감정을 유지할 수는 없습니다. 항상 잘될 수도 없습니다. 어떤 날은 유쾌하고, 어떤 날은 우울합니다. 이것이 사람의 한계입니다. 우리는 불완전하고 연약한 존재입니다. 상한 갈대와 같고, 꺼져 가는 등불과도 같습니다(마 12:20). 그래서 하나님의 도우심이 필요합니다. 꺼져 가는 불꽃을 다시 일으키시는 성령님의 바람이 필요합니다. 영혼의 산소와 같은 사랑하는 사람들의 격려가 필요합니다. 지혜롭게 한계를 끌어안아 줄 사람이 필요합니다.

우리에게 필요한 사랑의 지혜는 무엇입니까? 첫째, 작은 것을 소중히 여기는 지혜입니다. 하나님은 작은 것 속에 보배를 담아 두십니다. 천국을 작은 겨자씨에 비유하신 이유도 여기에 있습니다. 겨자씨는 작지만, 자라면 큰 나무가 되어 새들이 깃들게 해 줍니다. 우리는 큰 것만 추구하다가 작은 것에 담긴 아름다움을 잃어버리곤 합니다. 작은 것에 담긴 무한한 가능성을 보지 못한 채 살아갑니다.

예수님은 작은 아기로 마구간에서 태어나 구유에 누이셨습니다. 예수님이 태어나신 베들레헴은 작은 마을입니다. 그 작은 곳에서 영원하신 하나님의 아들이 태어나셨습니다.

> 베들레헴 에브라다야 너는 유다 족속 중에 작을지라도 이스라엘을 다스릴 자가 네게서 내게로 나올 것이라 그의 근본은 상고에, 영원에 있느니라 (미 5:2)

천지를 창조하신 하나님이신 예수님이 작은 마을, 작은 마구간에서 작은 아기로 태어나셨습니다.

둘째, 약한 것을 소중히 여기는 지혜입니다. 우리는 약함을 한계로 여기고, 강해지고 싶어 합니다. 강력한 힘을 발휘하기를 원합니다. 그러나 성경은 약함 속에 숨겨진 은혜를 가르쳐 줍니다. 강하면 교만해지기 쉽고, 힘은 폭력으로 변질될 수 있습니다. 강하면 지배하고 억압하려고 합니다. 반면에 약하면 겸손해지고, 온유해집니다. 약할 때, 우리는 하나님께 모든 것을 내어 맡깁니다. 약할 때, 우리는 연합하고 협력합니다. 약할 때, 우리는 하나가 됩니다. 강할 때는 자아를 신뢰하지만, 약할 때는 하나님을 신뢰합니다.

강하면 자신이 커 보이지만, 약할 때는 크신 하나님이 눈에 들어옵니다. 하나님이 작아 보이고, 자신이 커 보인다면, 영적으로 위험한 상태라는 뜻입니다. 자아가 강하면, 육의 힘, 곧 육의 생각으로 살게 됩니다. 반면에 약하면 자기를 부인하고, 영의 생각과 영의 힘으로 살게 됩니다. 영의 생각은 생명과 평안을 가져다줍니다. "육신의 생각은 사망이요 영의 생각은 생명과 평안이니라"(롬 8:6).

셋째, 자신이 머무는 곳을 사랑하는 지혜입니다. 자족은 행복의 비결입니다. 자족의 비결은 머무는 곳을 사랑하고, 그 자리에서 최선을 다하는 것입니다. 하나님은 우리에게 모든 것을 한 번에 주지 않으십니다. 모든 땅을 다 주지 않으십니다. 다윗은 "내게 줄로 재어 준 구역은 아름다운 곳에 있음이여 나의 기업이 실로 아름답도다"(시 16:6)라고 고백했습니다. 하나님은 자기가 머무는 곳을 사랑하고, 그 자리에서 최선을 다하는 사람에게 복을 더하십니다. 우리가 지금 머무는 곳은 영원한 자리는 아닙니다. 때가 되면, 하나님이 넓히시고, 때가 되면 옮겨 주십니다.

넷째, 속도를 줄이는 것이 지혜입니다. 지금 우리는 모든 것이 광속으로 변화하는 시대에 살고 있습니다. 빠른 성장을 요구하지만, 속도가 빨라질수록 영혼은 불안해집니다. 영혼은 빠른 속도와 거대함을 힘들어합니다. 모든 생명은 작게 시작해서 서서히 자라납니다. 아이는 엄마의 자궁에서 10개월 동안 서서히 자랍니다. 큰 나무도 작은 씨앗에서 서서히 성장합니다. 나무가 아무리 커도 끝없이 솟구쳐 오를 수는 없습니다. 잘 자라는 나무도 어느 한계 안에서만 성장하게 됩니다. 서두름은 영혼을 위축시키고, 성급함은 영혼을 피폐하게 만듭니다. 서두름은 사랑의 적입니다. 사랑하려면, 속도를 줄여야 합니다. 느림의 미학을 즐길 때, 친밀한 사랑이 가능해집니다.

속도를 줄여야 하나님의 음성이 들립니다. 말씀 앞에 고요히 머물 때 말씀의 생수가 영혼을 적십니다. 그 생수를 묵상이라는 두레박으로 길어 올려 마셔 보십시오. 제대로 묵상하려면 속도를 줄여야 합니다. 그때 말씀의 맛과 경이로움을 깊이 누리게 됩니다.

한계는 하나님의 선물입니다. 우리를 보호하고 겸손하게 하시는 은혜의 울타리입니다. 반면에 통제되지 않은 야망은 사탄이 이용하기 쉬운 도구가 됩니다. 자신을 작게 여기고, 자신을 비우고 낮추는 길이 복된 길입니다. 그때 하나님이 크게 보입니다. 은혜는 깊어지고, 내면은 넉넉해집니다. 관계가 신실해지고, 사명이 정결해집니다. 한계를 끌어안는 지혜와 사랑으로 풍성한 생명을 누리기를 빕니다.

존중은
하나님의 풍성한 복을
불러옵니다

존중은 씨앗과 같아서 존중을 심으면 존중을 거두게 됩니다. 존중하는 마음은 따뜻한 마음입니다. 누군가를 만났을 때, 그분을 존중해 보십시오. 우리의 존중을 받는 분도 행복을 경험하지만, 우리 자신도 행복해지는 것을 경험하게 됩니다. 존중하는 마음은 좋은 것을 불러오는 자석과 같습니다. 이것이 존중의 신비입니다. 반면에 멸시를 심으면 멸시를 거두게 됩니다. 우리가 누군가를 멸시하게 되면 우리 마음이 차가워집니다. 또한 불행해집니다. 남을 멸시하면서 자신이 행복할 수는 없습니다. 멸시도 씨앗과 같아서 멸시를 심으면 멸시를 거두게 됩니다. 그런 까닭에 우리는 날마다 존중을 선택하고, 심어야 합니다.

성경은 우리가 존중해야 할 첫 번째 대상은 하나님이심을 가르쳐 줍니다. 구약에서 제사장은 하나님을 경외하고 존중하는 법을 가르치는 사람이었습니다. 그런데 엘리 제사장과 그의 자녀들은 하나님을 경외하는 제사를 멸시했습니다. 하나님이 그들에게 맡기신 백성을 함부로 대했습니다. 하나님은 그들을 대신하여 사무엘을 세우시면서 엘리 제사장에게 아주 엄하게 말씀하셨습니다. "나를 존중히 여기는 자를 내가 존중히 여기고 나를 멸시하는 자를 내가 경멸하리라"(삼상 2:30). 하나님은 당신을 존귀히 여기지 않고, 예배를 멸시했던 엘리와 그의 자녀들을 심판하셨습니다(삼상 2:31-34).

존중이 가장 빛을 발하는 때는, 존중할 수 없는 사람까지도 존중할 때입니다. 존경할 만한 사람을 존경하는 것은 누구든 할 수 있는 일입니다. 그러나 존경하기 힘든 사람을 만났을 때, 그 사람까지도 존경하는 것은 훌륭한 성품을 가꾼 결과라고 볼 수 있습니다. 존경할 수 없는 사람까지도 존경하는 것은 아주 탁월한 지혜입니다.

한나는 그 당시에 존경받지 못했던 엘리 제사장을 존경했습니다. 그를 하나님이 기름 부어 세우신 제사장으로 믿었습니다. 그가 빌어 주는 축복을 하나님의 축복으로 받아들였습니다. 한나의 존경을 받은 엘리는 마음을 열어 그녀를 마음껏 축복해 주었습니다. 그 결과, 한나는 하나님의 축복을 받아 사무엘을 낳았습니다(삼상 1:20). 존중할 수 없는 사람까지도 존중한 한나에게 하나님은 사무엘 말고도 세 아들과 두 딸을 더 선물로 주셨습니다(삼상 2:21).

하나님은 다른 사람을 존중하는 사람, 특별히 존중할 수 없는 사람까지도 존중하는 사람에게 복을 주십니다. 그러므로 누구를 만나든 존중이라는 씨앗을 심으십시오. 심지어 우리를 멸시하는 사람까지도 존중하는 마음으로 대하십시오.

우리가 반드시 존중해야 할 분들이 있습니다. 바로 우리를 낳아 주시고, 길러 주신 부모님입니다. 하나님은 부모를 공경하는 사람에게 놀라운 복을 약속해 주셨습니다.

> 네 아버지와 어머니를 공경하라 이것은 약속이 있는 첫 계명이니 이로써 네가 잘되고 땅에서 장수하리라 (엡 6:2-3)

우리는 주변에서 부모에게 상처받아 자기 부모를 결코 용서하지 못하겠다고 말하는 분들을 만납니다. 그 상처와 아픔을 충분히 이해할 수 있습니다. 그래도 하나님의 말씀에 순종해서 부모를 공경하십시오. 왜냐하면, 하나님이 부모를 통해 우리에게 생명을 주셨기 때문입니다. 부모가 설령 나에게 상처를 입혔다 할지라도 자녀 된 우리는 부모를 존귀하게 여겨야 합니다. 그리함으로써 존중이라는 씨앗을 심어야 합니다. 그때 우리는 하나님이 예비하신 복을 받아 누리게 됩니다.

또한 부모는 자녀를 존중해야 합니다. 우리는 자녀를 사랑한다고 말합니다. 말로만 사랑하는 것이 아니라 진심으로 사랑하고, 희생과 헌신으로 사랑합니다. 하지만 존중하는 지혜가 없어서 자녀들을 함부로 대할 때가 있습니다. 존중한다는 것은 존귀하게 여기는 것입니다. 소중히 여기는 것입니다. 가치 있게 여기는 것입니다. 우리는 소중한 것과 가치 있는 것은 함부로 대하거나 다루지 않습니다. 아주 조심스럽게 대하고 조심스럽게 다룹니다.

우리는 하나님의 눈으로 자녀를 바라보아야 합니다. 하나님은 우리 자녀들을 보배처럼 여기십니다(신 26:18). 우리도 하나님처럼 자기 자녀를 보배롭게 여겨야 합니다. 결혼한 사람은 부부간에 서로 존중해야 합니다. 서로 존중하며 살아가는 부부가 행복합니다.

만나는 모든 사람을 존중하십시오. 특별히 성도들 서로가 존중해야 합니다. 다윗은 "땅에 있는 성도들은 존귀한 자들이니"(시 16:3)라고 노래했습니다. 또한 교회 일꾼들을 존중하십시오. 교회는 충성된 일꾼들의 섬김을 통해 든든히 세워집니다. 존중처럼 아름답고 따뜻한 것은 없습니다. 존중은 하나님의 풍성한 복을 불러옵니다. 그런 까닭에 저는 아침마다 존중하는 마음을 가꾸면서 하루를 시작합니다.

배려와 위로가
필요하지 않은 사람은 없습니다

배려하는 마음은 성숙한 마음입니다. 미숙한 사람은 자신만을 생각합니다. 반면에 성숙한 사람은 자신을 돌아볼 뿐 아니라 이웃도 돌아볼 줄 압니다. 배려는 자기 자신을 배려하는 것에서 시작됩니다. 자신을 배려할 수 있는 사람만이 다른 사람도 배려할 수 있습니다. 예수님은 "네 이웃을 네 자신 같이 사랑하라"(마 22:39)라고 말씀하셨습니다. 예수님은 먼저 자신을 사랑하고, 그 사랑으로 이웃을 사랑하라고 말씀하십니다. 우리는 예수님의 가르침을 마음 깊이 새겨야 합니다. 예수님은 자신을 멸시하거나 학대하라고 말씀하신 적이 없습니다. 먼저 자신을 사랑하고 배려할 줄 아는 사람이 이웃도 사랑하고 배려할 수 있습니다.

배려란 타인, 곧 이웃의 입장에서 생각하는 것을 의미합니다. 서로의 처지를 바꾸어서 생각한다는 뜻에서 역지사지(易地思之)의 태도라고 할 수 있습니다. 우리는 소통의 부재 속에 살고 있습니다. 소통이 잘되지 않는 이유는 각자 자기 입장만 고집하기 때문입니다. 상대방의 입장에 서서 상대방의 언어로 대화한다면 소통이 잘될 것입니다. 상대방이 무엇을 생각하고, 어떻게 생각하고 있는가를 살피면, 소통이 쉬어집니다. 배려하는 마음은 이웃을 향한 관심에서 비롯됩니다. 관심을 갖게 되면 관찰하게 됩니다. 이웃에 관심을 두고, 그들을 살피다 보면, 그들의 고통이나 필요를 헤아리게 됩니다. 이것이 배려입니다.

배려 하면 떠오르는 이야기가 있습니다. 인도 승려 바바 하리 다스(Baba Hari Dass)가 들려준 한 시각 장애인의 이야기입니다.

> 앞을 못 보는 사람이 밤에 물동이를 머리에 이고, 한 손에는 등불을 들고 길을 걸었다. 그와 마주친 사람이 물었다. "정말 어리석군요. 당신은 앞을 보지도 못하면서 등불은 왜 들고 다닙니까?" 그가 말했다. "당신이 나와 부딪히지 않게 하려고요. 이 등불은 나를 위한 것이 아니라 당신을 위한 것입니다."

시각 장애인은 자신을 위해서가 아니라 이웃을 위해 등불을 들고 길을 걸었습니다.

배려하는 마음은 넓은 마음입니다. 마음이 좁으면 다른 사람을 담을 수가 없습니다. 박노해 시인은 "'나쁜 사람'이란 '나뿐인 사람'이다"라고 말했습니다. 나뿐인 사람이 나쁜 것은 마음이 자신으로 가득 차 있어 이웃을 담을 수 없기 때문입니다. 배려하면 마음이 넓어집니다. 마음이 커집니다. 속 좁은 사람이 아니라 마음이 큰 사람이 됩니다.

배려하는 마음은 타인의 아픔을 알아차리고, 안쓰러워하는 마음입니다. 이웃이 괴로워하면 다가가 위로해 주는 마음입니다. 이웃이 우는 것을 보면, 함께 슬퍼하는 마음입니다. 이웃이 잘되면 함께 즐거워하는 마음입니다. 한때 크게 사랑받았던 드라마의 대사를 기억하실 것입니다. "아프냐? 나도 아프다." 이 짧은 말에 수많은 사람이 공감한 까닭은 이 말 속에 배려하는 마음이 담겨 있기 때문입니다.

우리는 재능이 좋은 사람보다 배려할 줄 아는 사람을 오랫동안 기억합니다. 동화 작가 이철환은 《못난이 만두 이야기》에서 "당신의 재능은 사람들 머릿속에 기억되지만, 당신의 배려와 인간적인 여백은 사람들 가슴 속에 기억됩니다"라고 말했습니다.

몇 년 전에 뉴질랜드 남섬의 크라이스트처치 집회에서 다섯 목회자가 함께 사역하며 열흘 정도를 함께 지낸 적이 있습니다. 두 대의 차를 번갈아 가면서 탔습니다. 때로는 숙소가 조금 불편하기도 했습니다. 그런데도 우리는 서로를 배려했습니다. 서로 불편한 뒷좌석에 앉기를 힘썼고, 서로 좋은 침실을 양보했습니다. 서로서로 섬겼습니다. 제가 다섯 목회자 가운데 가장 연장자라고 저를 많이 배려해 주셨습니다.

그때 받은 배려가 주는 진한 감동이 마음에 남아 있습니다. 뉴질랜드의 자연은 다시 방문하고 싶을 만큼 무척 아름다웠습니다. 하지만 배려하는 마음보다는 아름답지 않았습니다. 배려하는 마음보다 아름다운 것은 없습니다.

날마다 우리가 만나는 사람들은 저마다 한결같이 힘겨운 싸움을 하며 살고 있습니다. 배려와 위로가 필요하지 않은 사람은 없습니다. 우리가 배려하는 마음으로 서로 사랑한다면, 이 세상은 더욱 밝고 아름다워질 것입니다. 서로 배려하는 사랑의 공동체를 세우시길 빕니다.

잘 듣는 사람이
하나님의 사랑과 축복을 받습니다

우리는 말만 하고 실천에 옮기지 않는 사람, 자기 말에 책임을 지지 않는 사람을 가리켜 "그 사람은 말만 잘해"라는 표현을 쓸 때가 있습니다. 그렇다고 해서 말을 잘하는 것을 과소평가해서는 안 됩니다. 말을 잘하는 것은 지혜입니다.

하나님은 말씀으로 천지를 창조하셨습니다. 말씀은 창조의 능력입니다. 하나님의 말씀에 창조의 능력이 있듯이 하나님의 형상을 따라 지음 받은 우리의 말에도 창조의 능력이 있습니다. 우리가 하는 말이 우리의 미래를 창조합니다. 우리가 하는 말의 색깔에 따라 미래의 색이 결정됩니다. 우리가 하는 말이 자신과 우리 자녀들의 미래를 창조합니다. 우리가 하는 말에 수많은 사람이 영향을 받게 됩니다.

그런데 말을 잘하는 것보다 더 중요한 것이 있습니다. 바로 잘 듣는 것, 곧 경청입니다. 말을 잘하기보다 더 어려운 것이 잘 듣는 것입니다. 사람들은 말을 잘하는 사람보다 잘 듣어주는 사람을 더 좋아합니다. 우리가 카운슬러를 찾아가는 이유는 카운슬러가 잘 들어주기 때문입니다. 카운슬러가 하는 일은 들어주는 일입니다. 잘 들어줌으로써 분별하고, 잘 들어줌으로써 격려하고, 잘 들어줌으로써 코치해 줍니다.

경청한다는 것은 잘 듣기를 갈망하는 것입니다. 성경은 잘 듣는 것이 얼마나 복된 것인가를 반복해서 가르칩니다. 우리가 본다고 보는 것이 아니며, 듣는다고 깨닫는 것이 아니라는 사실을 가르쳐 줍니다(마 13:14-15). 우리는 보이는 대로 보는 것이 아니라 보기 원하는 대로 봅니다. 또한 들리는 대로 듣는 것이 아니라 듣기 원하는 것만 골라서 듣곤 합니다.

우리에게는 경청하는 지혜가 필요합니다. 경청이 얼마나 중요한가를 깨달아야 합니다. 경청의 뿌리를 이해하고, 경청의 원리와 방법을 배워야 합니다.

경청의 뿌리는 존중에 있습니다. 말하는 대상을 존중할 때, 우리는 경청하게 됩니다. 하나님의 말씀을 경청한다는 것은 하나님을 경외하고 존중함을 의미합니다. 부모가 자녀의 말을 경청할 때, 자녀의 자존감이 높아집니다. 왜냐하면 부모에게서 존중받는다고 느끼기 때문입니다.

경청하는 마음은 겸손한 마음, 배우는 마음입니다. 경청하면 지혜가 임합니다. 경청하기 위해서는 선입견과 편견을 버려야 합니다. 그렇지 않으면 잘 들을 수가 없습니다. 경청하기 위해서는 마음을 비우고, 만나는 사람들을 선입견 없이 대해야 합니다.

경청은 순종하는 마음입니다. 하나님의 말씀을 경청하는 사람이 순종하게 됩니다. 성경은 "네가 네 하나님 여호와의 말씀을 청종하면 이 모든 복이 네게 임하며 네게 이르리니"(신 28:2)라고 말합니다. 여기서 "청종"이란 하나님의 말씀을 듣고 순종하는 것을 의미합니다. 순종할 때 사랑받고, 축복을 받습니다.

그런 의미에서 들음은 곧 받음입니다. 잘 들을 때 하나님의 사랑을 받고 축복을 받게 됩니다. 또한 들음은 곧 얻음입니다. 잘 들을 때 하나님과 사람들의 마음을 얻게 됩니다. 또한 잘 들을 때 지식과 지혜를 얻습니다. 잘 들을 때 깨닫게 되고, 깨달을 때 돌이키게 되고, 고침받게 됩니다. 말씀을 잘 듣고 깨닫는 사람이 풍성한 열매를 맺습니다(마 13:23).

잘 듣기 위해서는 침묵하는 훈련을 해야 합니다. 사람들이 말할 때 침묵하며 기다릴 줄 알아야 합니다. 잘 듣기 위해서는 기다림을 훈련해야 합니다. 상대방이 말할 때는 상대방의 말을 자르지 않도록 조심해야 합니다. 서둘러 말하지 마십시오. 하나님의 말씀 앞에 머물 때도 조급해서는 안 됩니다. 말씀 앞에 오랫동안 머물러 기다리다 보면 하나님의 음성을 들을 수 있게 됩니다.

잘 듣기 위해서는 사랑해야 합니다. 사랑하면 들립니다. 사랑하면 잘 듣고 깨닫게 됩니다. 사랑하면 상대방의 언어를 배워 익히게 됩니다. 상대방의 언어로 말할 때 소통의 달인이 됩니다. 사람마다 자기 나름대로 사용하는 언어가 있습니다. 언어의 리듬이 있습니다. 경청할 때 상대방의 언어와 리듬을 알 수 있습니다.

결국, 잘 듣는 사람이 말을 잘하게 됩니다. 왜냐하면 들음에서 나온 말은 지혜의 말이요 감동을 주는 말이기 때문입니다. 그 말은 상대방의 언어에서 나온 말이기 때문입니다. 그래서 그 말이 울림을 주는 것입니다. 가장 중요한 것은 하나님의 음성을 듣는 것입니다. 어떤 사람을 만나든지 우리 영혼의 귀가 하나님을 향해 열려 있어야 합니다. 그럴 때 우리는 사람들을 하나님의 사랑으로 섬길 수 있고, 하나님의 지혜로 인도할 수 있습니다.

말을 아끼십시오. 조금 더 듣기를 갈망하십시오. 다시 한번 기억하십시오. 들음은 곧 받음이며, 얻음입니다.

훌륭한 청자는
훌륭한 설교자 못지않게 중요합니다

A.W. 토저 목사는 "훌륭한 설교자는 훌륭한 청자(聽者)가 만든다"라고 말했습니다. 우리는 설교자에게 많은 것을 요구합니다. 설교를 들을 때마다 평가하곤 합니다. 설교자가 매주, 아니 매일 전하는 설교를 늘 바르게 하고, 잘하기란 쉬운 일이 아닙니다. 그런 까닭에 설교자는 거룩한 부담감을 가지고 하루하루 살아갈 수밖에 없습니다.

그렇다면 설교를 듣는 이들의 삶은 누가 평가할까요? 성도들이 훌륭한 설교자를 찾는다면, 하나님은 훌륭한 청자(聽者)를 찾고 계십니다. 훌륭한 청자가 된다는 것은 훌륭한 설교자가 되는 것 이상으로 어려운 일입니다. 훌륭한 청자란 하나님의 말씀을 잘 듣는 사람을 가리킵니다. 듣는 것은 쉬워도 잘 듣기란 어렵습니다.

잘 듣는다는 것은 무슨 의미이며, 어떻게 들어야 잘 듣는 것일까요? 설교를 잘 듣기 위해서는 미리 기도로 준비해야 합니다. 말씀은 씨앗과 같습니다. 그래서 잘 준비된 마음의 옥토에 떨어질 때 풍성한 열매를 맺게 됩니다. 설교자를 위해 기도하고, 설교자가 전하는 말씀을 위해 기도하십시오. 그리고 하나님이 주시는 말씀을 잘 받는 옥토가 되게 해 달라고 기도하십시오. 준비된 마음에 하나님의 말씀은 놀랍게 역사합니다. 말씀을 들을 때 영의 눈을 열어 주셔서 말씀을 잘 깨달을 수 있도록 성령님께 기도하십시오. 깨닫지 못하면 돌이킬 수 없고, 고침을 받을 수 없습니다(마 13:14-15). 깨달을 때 풍성한 열매를 맺게 됩니다(마 13:23).

훌륭한 청자는 말씀을 받을 때 사람의 말이 아닌 하나님의 말씀으로 받습니다. 말씀은 믿는 자 속에 역사합니다. 바울이 전한 말씀을 하나님의 말씀으로 받았던 데살로니가 성도들은 칭찬을 받았습니다.

> 이러므로 우리가 하나님께 끊임없이 감사함은 너희가 우리에게 들은 바 하나님의 말씀을 받을 때에 사람의 말로 받지 아니하고 하나님의 말씀으로 받음이니 진실로 그러하도다 이 말씀이 또한 너희 믿는 자 가운데에서 역사하느니라 (살전 2:13)

훌륭한 청자는 하나님의 말씀을 받아 자기 삶 속에 적용하고 실천합니다. 예수님은 말씀을 그냥 듣는 자가 지혜로운 사람이 아니라 말씀을 듣고 행하는 자야말로 지혜로운 사람이라고 말씀하십니다(마 7:24). 듣고도 행하지 않는다면, 듣지 않은 사람과 별다른 차이가 없습니다. 변화는 말씀을 받을 때가 아니라 받은 말씀을 실천할 때 경험하게 됩니다. 배움이란 변화를 의미하고, 변화는 오직 진리를 실천할 때 경험하게 됩니다.

훌륭한 청자는 말씀을 받을 때 기록합니다. 기록은 들은 내용의 가치를 인정하는 행위입니다. 우리는 가치 있는 것을 아끼고, 또한 가치 있는 것을 간직합니다. 기록한다는 것은 받은 것을 소중히 간직하고, 또한 그것을 다른 사람과 함께 나누겠다는 의지를 보여 주는 것입니다. 누군가가 제가 하는 말을 들을 때 받아 적으면, 더욱 진지하게 말하게 됩니다. 제 말에 가치를 부여하는 사람을 만났기 때문에 진지해지지 않을 수가 없습니다.

훌륭한 청자는 말씀을 받을 때 나눌 것을 전제(前提)로 합니다. 좋은 것을 받은 사람은 그 좋은 것을 나눌 책임이 있습니다. 우리는 하나님의 선한 청지기입니다. 좋은 것은 나누는 과정에서 더욱 풍성해집니다. 그리스도의 말씀이 우리 안에 풍성히 거할 때, 우리는 피차 지혜로 권면하고 가르치게 됩니다(골 3:16). 들은 것을 나누지 않으면, 쉽게 잊히고 맙니다. 반면에 들은 것을 나누면, 오래도록 기억하게 됩니다. 반복해서 나눌 때 우리는 나누는 과정에서 진리를 더욱 깊이 깨닫게 됩니다. 즉 진리를 체득(體得)하게 됩니다. 진리가 우리 존재 속에 스며들게 된다는 뜻입니다.

훌륭한 청자는 말씀을 받을 때 하나님을 생각합니다. 하나님은 말씀의 본체입니다. 그러므로 우리는 말씀을 들을 때 하나님을 생각하고, 하나님을 통해 힘을 얻고 위로를 받아야 합니다.

인생에서 우정은
태양과도 같습니다

우정을 가꿀 줄 아는 사람은 지혜로운 사람입니다. 우정이란 친구 사이에 나누는 사랑입니다. 우정을 가꾸기 위해서는 먼저 우정의 소중함을 알아야 합니다. 소중하다는 것은 그 가치를 안다는 것을 의미합니다. 우리는 우정을 소홀히 여기다가 우정을 상실한 다음에, 그때 비로소 그 가치를 깨닫게 됩니다.

영국의 성직자 찰스 케일럽 콜튼(Charles Caleb Colton)은 "참된 우정은 건강과 같다. 즉, 그것을 잃기 전까지는 우정의 참된 가치를 절대 깨닫지 못한다"라고 말했습니다. 키케로(Cicero)는 《우정론》에서 "인생에서 우정을 제거하는 것은 세상에서 태양을 제거하는 것과 같다"라고 말했습니다. 태양이 없다면 세계는 깜깜해질 것입니다. 빛이 없는 세계를 생각해 보십시오. 모든 아름다움은 빛과 더불어 그 자태를 드러냅니다. 그런데 빛이 없다면 아름다움의 영광을 볼 수 없습니다.

어떻게 해야 우정을 잘 가꿀 수 있을까요? 우정을 가꾸는 지혜를 알면 관계를 잘 맺는 지혜도 배울 수 있습니다.

첫째, 우정을 잘 가꾸기 위해서는 좋은 친구가 있어야 합니다. 곧 좋은 친구를 선택해야 합니다. 그러려면 분별력이 필요합니다. 좋은 친구란 어떤 사람일까요? 좋은 친구는 우리를 세워 주는 사람입니다. 우리를 올바른 길로 인도해 주는 사람입니다. 우리가 잘될 때 기뻐해 주고, 힘들 때 함께 아파해 주는 사람입니다. 반면에 우리 인생을 무너뜨리는 사람, 잘못된 길로 가도록 미혹하는 사람은 좋은 친구가 될 수 없습니다.

둘째, 우정을 잘 가꾸기 위해서는 서로 존중해야 합니다. 존중이란 존귀하게 여기는 것입니다. 아주 소중하게, 아주 가치 있게 여기는 것입니다. 서로에게 있는 무한한 잠재력과 가능성을 믿어 주는 것입니다. 존중한다는 것은 친밀하면서도 예의를 지키는 것입니다. 무례한 사람은 깊이 있는 우정을 나눌 수 없습니다. 사랑은 무례히 행하지 않습니다(고전 13:5). 상대방을 무시하거나 경멸하면서 깊이 있는 우정을 나눌 수는 없습니다. 친구를 존중하는 최고의 지혜는 경청에 있습니다. 우리는 친구의 말에 깊이 경청함으로써 존중의 덕을 쌓을 수 있습니다.

셋째, 우정을 잘 가꾸기 위해서는 겸손해야 합니다. 교만은 우정을 깨뜨리는 가장 큰 장애물입니다. 겸손하기란 쉽지 않습니다. 아담의 타락은 교만과 불순종에서 왔습니다. 영국 소설가 C. S. 루이스(C. S. Lewis)는 교만을 모든 악의 뿌리로 봅니다. 겸손의 덕은 자기를 낮춤으로써 쌓을 수 있습니다. 예수님은 자신을 낮추셨습니다(빌 2:8). 자신을 낮추는 것은 자기 멸시나 자기 학대가 아닙니다. 겸손을 위한 낮춤은 자신에 대한 건전한 자존감으로 자신을 스스로 낮추는 것입니다. 또한 겸손의 덕은 상대방을 높임으로써 쌓을 수 있습니다. 만나는 사람들을 칭찬하고 높임으로써 겸양의 덕을 쌓을 수 있습니다.

저는 삼위일체 하나님을 통해 겸손히 서로를 존중하고, 서로를 세워 주는 원리를 배웠습니다. 하나님 아버지는 예수님을 존귀하게 여기십니다. 예수님은 하나님 아버지를 경외하고 그분의 뜻을 이루는 일에 헌신하셨습니다. 예수님은 "누구든지 말로 인자를 거역하면 사하심을 받으려니와 성령을 모독하는 자는 사하심을 받지 못하리라"(눅 12:10)라고 말씀하며 늘 성령님을 높이셨습니다. 예수님은 제자들에게 자신이 떠나고 보혜사 성령님이 오시는 것이 유익하다고 말씀하셨습니다(요 16:7). 또한 성령님은 늘 예수님을 높이십니다. 성령님은 예수님이 말씀하신 것을 모두 생각나게 하시는 분이며 예수님을 증언하시는 분입니다(요 14:26, 15:26). 그리함으로써 성령님은 예수님을 존귀하게 세워 주십니다. 이처럼 성삼위 하나님은 서로 영원한 우정을 나누고 계십니다.

넷째, 우정을 잘 가꾸기 위해서는 인내해야 합니다. 우정은 서서히 자라는 나무와 같습니다. 나무는 하루아침에 자라지 않습니다. 특별히 우정은 시련과 역경을 통해 깊어집니다. 참된 우정은 역경의 때에 깊어집니다. 대부분의 사람은 친구가 실패하거나 어려움에 처하면 그 곁을 떠납니다. 하지만 진실한 친구는 힘들 때 찾아와 위로해 줍니다. 상처를 치유해 줍니다. 필요를 채워 줍니다. 다시 일어설 수 있도록 힘을 북돋아 줍니다. 우정은 조심스럽게 지켜야 합니다. 고(故) 안병욱 교수님은 "정(情)은 다루기 힘들고 깨어지기 쉽고 오해하기 쉽다"라고 말씀하셨습니다. 그래서 깊은 우정은 세상에 흔하지 않습니다.

예수님은 제자들을 "종"이라 하지 아니하시고, "친구"라 부르셨습니다(요 15:15). 친구를 위해 자기 목숨을 버리는 사랑이 가장 큰 사랑이라고 말씀하셨습니다(요 15:13). 하나님이 우리를 친구로 부르십니다. 하나님은 우리를 성삼위 하나님의 교제 가운데로 초청하십니다(요일 1:3). 예수님을 믿는다는 것은 이토록 영광스러운 일입니다.

세상의 우정은 영원하지 않습니다. 하지만 하나님의 우정은 영원합니다. 그래서 하나님과 우정을 가꾸는 사람이 지혜롭습니다. 우정을 가꾸는 지혜를 배워 좋은 친구들과 교제하십시오. 또한 하나님과 영원한 우정을 나누며 누리시길 빕니다.

우리 인생의 최고점은
격려를 통해 나옵니다

인생은 어렵습니다. 어려움 없이 살아가는 사람은 없습니다. 겉으로 보기에 행복하게 보이는 사람도 만나서 깊은 대화를 나누다 보면 그에게도 고통이 있는 것을 발견하게 됩니다. 그래서 우리에게 필요한 것은 격려입니다.

제 목회 인생을 되돌아보니 힘든 길을 걸어왔다는 생각이 듭니다. 힘든 목회 길을 지금까지 잘 견딜 수 있었던 것은 제 곁에 격려하는 분들이 있어 준 덕분입니다. 성경은 우리에게 "서로 돌아보아 사랑과 선행을 격려"(히 10:24)하라고 권면합니다. 그러려면 먼저 격려가 주는 능력을 알아야 합니다.

첫째, 격려는 어려움을 견디게 해 주는 능력입니다. 우리 인생에 역경이 찾아오면 마음이 약해집니다. 역경이 지속되고 고통이 깊어지면, 포기하고 싶은 마음이 생깁니다. 그때 필요한 것이 격려입니다. 격려의 영어 단어는 인커리지먼트(encouragement)입니다. 이 단어를 잘 살펴보면, '용기'를 뜻하는 커리지(courage)가 들어 있음을 알 수 있습니다. 격려는 연약해진 마음에 용기를 불어넣어 주는 것을 의미합니다.

우리 스스로 힘을 낼 수 없을 때는 밖에서 불어넣어 주는 힘이 필요합니다. 우리는 스스로 자존하는 존재가 아닙니다. 필요한 모든 것을 스스로 공급할 수 있는 존재가 아닙니다. 우리는 매일 밖에서 공급해 주는 공기와 태양과 음식과 물을 통해 살아갑니다. 밖에서 공급해 주는 사랑과 위로와 격려를 통해 살아갑니다. 밖에서 공급해 주시는 하나님의 은혜와 말씀과 성령님의 능력을 통해 살아갑니다. 우리는 밖에서 공급해 주는 것을 겸허하게 받을 줄 알아야 합니다. 그래야 어려움을 잘 견뎌 내고 우뚝 설 수 있습니다.

견딤이 은혜입니다. 견딤이 있을 때 쓰임이 있습니다. 견딤의 길이가 곧 쓰임의 길이를 결정합니다. 견딤의 강도가 쓰임의 강도를 결정합니다. 잘 견디며 서로 격려해 줄 때 우리는 존귀하게 쓰임 받을 수 있습니다.

둘째, 격려는 우리를 향상시키는 능력입니다. 우리는 격려받을 때 자신이 하는 일을 더욱 잘할 수 있게 됩니다. 저는 한때 열등의식 속에 살았습니다. 자신감이 없었고, 쉽게 낙심할 때가 많았습니다. 저 스스로 실력이 없다고 생각했습니다. 그런 제 생애에 전환점이 있었습니다. 제가 신문에 기고한 말씀 묵상 칼럼을 읽고 격려해 주시는 분을 만난 일입니다. 그분의 격려가 글을 쓰는 데 큰 도움이 되었습니다.

또한 제가 쓴 글을 읽으신 고(故) 하용조 목사님이 LA 공항에서 제게 "당신은 작가요"라고 격려해 주셨던 일을 기억합니다. 하 목사님은 격려와 함께 제 책을 두란노서원에서 출판해 주셨습니다. 저는 격려를 통해 제가 하는 일에 자신감을 갖게 되었습니다. 제가 하는 일을 더욱 잘할 수 있는 계기를 마련할 수 있었습니다. 미국 언론인 조지 매튜 아담스(George Matthew Adams)는 "우리 인생에는 최고점들이 있다. 그것의 대부분은 다른 사람의 격려를 통해 나온 것들이다"라고 말합니다.

셋째, 격려는 변화를 창조하는 능력입니다. 사람은 책망을 통해 변화되기보다 격려를 통해 변화됩니다. 책망은 잘못한 것에 집중하는 것입니다. 약점에 집중하는 것입니다. 우리는 책망을 통해 잘못된 것을 바로잡게 되므로 책망이 필요합니다. 하지만 책망만 계속하게 되면 긍정적인 변화를 이끌어 내지 못합니다. 사람들은 주로 책망만 하는 사람을 만나기 싫어합니다. 책망을 계속 할 경우 좋은 관계를 형성하기가 어렵습니다.

반면에 격려는 잘하는 것에 집중하는 것입니다. 장점에 집중하는 것입니다. 가능성에 집중하는 것입니다. 작은 가능성을 통해 큰 가능성을 보는 것입니다. 격려를 잘하면 좋은 관계를 형성할 수 있습니다. 격려는 관계의 다리를 놓습니다. 사람을 키우는 데는 격려가 90%, 책망이 10% 정도면 좋을 것 같습니다. 맥스 루게이도(Max Lucado)는 "어떤 사람의 마음속 깊숙이 한 마디 사랑의 말을 심어라. 미소와 기도로 양분을 주며, 일어나는 일들을 주시하라"라고 말합니다. 진심을 담아 누군가를 격려할 때, 우리는 그 사람의 생애가 변화되는 것을 보게 될 것입니다.

넷째, 격려는 새로운 시작을 돕는 능력입니다. 성경에 나오는 탁월한 격려자는 바나바입니다. 우리가 아는 것처럼 바울은 예수님을 만나기 전에는 예수님을 믿는 사람들을 핍박했습니다. 스데반을 죽이는 일에도 동조했습니다. 하지만 그는 예수님을 만나고 나서 크게 변화되어 예수님을 그리스도로 증거했습니다. 사도들은 그의 급진적인 변화를 믿지 않고 의심했습니다. 그때 바울을 사도들에게 데려간 사람이 바나바입니다.

바나바는 바울을 격려함으로써 그가 새롭게 시작할 수 있도록 도왔습니다. 나중에는 안디옥 교회에서 그와 함께 성도들을 가르치며 사역했습니다. 또한 선교의 동역자가 되어 주었습니다. 바울은 바나바의 격려를 통해 새롭게 시작할 수 있었습니다.

서로 격려하는 가정과 공동체가 아름답습니다. 서로 격려함으로써 힘든 세상에서 승리하는 삶을 사시길 빕니다.

칭찬은 영혼을 숨 쉬게 합니다

저는 기질적으로 칭찬을 받으면 수줍어합니다. 때로는 조금 의심할 때도 있습니다. 제가 칭찬을 받을 때, 왜 칭찬을 잘 받아들이지 못하고 의심하는지 저 스스로가 궁금했습니다. 이 궁금증은 기질을 공부하던 중에 풀렸습니다.

다혈질의 사람은 칭찬을 좋아합니다. 칭찬받거나 박수를 받으면 즐거워합니다. 공항에 누군가가 꽃을 들고 나와 환영하면, 그 꽃을 받은 후에 함께 사진을 찍자고 합니다. 반면에 우울질의 사람은 칭찬받으면 수줍어하고 어색해합니다. 조금 심할 때는 의심하기까지 합니다. 특별히 칭찬이 구체적이지 않거나 진실성이 결여되었다고 느끼면 그런 생각을 품게 됩니다. 공항에 누군가가 꽃을 들고 나와 환영하면 어쩔 줄을 몰라 합니다. 받은 꽃을 어떻게 해야 할지 당황해합니다. 누군가 꽃을 든 채 사진을 함께 찍자고 하면 도망가고 싶은 심정입니다. 기질에 따라 칭찬에 대한 반응이 이처럼 크게 다릅니다. 어떤 기질이 좋다 나쁘다가 아닙니다. 기질이 서로 다를 뿐입니다. 틀린 것이 아니라 다른 것입니다.

저의 기질은 우울질과 담즙질이 섞여 있습니다. 그중에 우울질이 강합니다. 그런 까닭에 칭찬 듣는 것을 어색해하고 수줍어합니다. 칭찬보다는 위로받는 것을 더 좋아합니다. 그렇다고 칭찬을 싫어하는 것은 아닙니다. 진실된 칭찬과 구체적인 칭찬을 들을 때는 힘이 납니다.

제가 살아가면서 경험하는 것은 사람들은 칭찬에 조금 인색하다는 것입니다. 칭찬하고 싶은 마음이 없는 것은 아니고, 오히려 칭찬을 잘하고 싶은데 칭찬하는 법을 잘 모르는 것 같습니다.

칭찬이란 사람들이 잘하는 것을 잘한다고 말해 주는 것입니다. 가지고 있는 것을 가지고 있다고 말해 주는 것입니다. 각 사람이 가진 장점과 강점을 찾아내어 말해 주는 것입니다. 칭찬이 잘하는 것을 잘한다고 말해 주는 것이라면, 그렇게 어려울 일도 아닙니다. 그런데 왜 우리는 칭찬을 잘하지 못하는 것일까요? 그 이유는 사람들이 잘하는 것을 볼 수 있는 안목이 부족하기 때문입니다.

칭찬은 보는 것과 관련되어 있습니다. 칭찬을 잘하기 위해서는 잘 볼 줄 알아야 합니다. 그렇다면 어떻게 사람들이 잘하는 것을 볼 수 있을까요? 그 비밀은 사랑에 있습니다. 사랑하면 보입니다. 사랑하는 것만큼 보입니다. 누군가를 사랑해 보면 사랑하는 대상이 가지고 있는 소중한 장점이 눈에 들어옵니다. 작은 미소 하나, 작은 몸짓 하나가 모두 눈에 들어옵니다. 그것도 구체적으로 들어옵니다. 사랑하면 표현하게 됩니다. 고대 그리스 철학자 플라톤(Plato)은 "사랑할 때는 누구나 시인이 된다"라고 말했습니다. 사랑하면 보이고, 사랑하면 표현하게 됩니다. 그래서 사랑이 참 중요합니다.

우리는 칭찬받으면 변화됩니다. 칭찬은 우리를 변화시키는 능력입니다. 칭찬받을 때, 우리는 자신이 잘하고 있는 것을 발견합니다. 자신의 장점과 강점을 발견합니다. 또한 칭찬받을 때 자신 안에 있는 잠재력을 깨닫습니다. 칭찬은 우리를 세우고, 우리를 성장하게 하고, 우리를 발전하게 만드는 능력입니다.

칭찬받을 때, 우리는 하던 일을 지속하게 됩니다. 우리의 문제는 무엇이든 시작은 잘하지만, 지속하지 못하는 데 있습니다. 끈기가 부족합니다. 어떤 분야든 탁월한 경지에 이르기 위해서는 지속해야 합니다. 그렇다면 어떻게 해야 지속할 수 있을까요?

첫째, 칭찬을 받으면 지속할 수 있습니다. 칭찬은 기계에 기름을 쳐 주는 것처럼, 우리 삶에 에너지를 공급해 줍니다.

둘째, 자신이 하는 일에 의미를 발견하면 지속할 수 있습니다. 삶의 기술 중 하나는 자신이 하는 일에 의미를 부여하는 것입니다. 이것이 지혜입니다. 자신이 하는 일의 소중함을 깨달은 사람은 일을 지속하게 됩니다. 일의 의미란 사명을 가리킵니다. 어떤 면에서 우리는 칭찬을 따라 산다기보다 사명을 따라 산다고 할 수 있습니다. 칭찬도 중요하지만, 칭찬보다 사명을 따라 사는 것이 아름답습니다.

셋째, 자신이 하는 일을 사랑하면 지속할 수 있습니다. 사랑한다는 것은 즐기는 것입니다. 좋아하는 경지를 넘어 즐거워해야 합니다. 진지한 것만으로는 일을 지속할 수 없습니다. 즐거워할 때 지속할 수 있습니다. 즐거워할 때 몰입의 경지에 이르게 됩니다.

칭찬은 영혼의 산소입니다. 칭찬은 따뜻한 언어입니다. 반면에 비난은 차가운 언어입니다. 비난은 사람의 영혼을 질식시키는 매연과도 같습니다. 칭찬은 칭찬을 낳습니다. 칭찬은 씨앗과 같습니다. 칭찬하면 칭찬을 거두게 됩니다. 칭찬은 메아리와 같습니다. 우리가 누군가를 칭찬하면 같은 칭찬을 받게 됩니다. 부디 서로서로 칭찬하며 사시길 바랍니다.

낯선 만남 속에
신비로운 선물이 담겨 있습니다

인생은 만남의 연속입니다. 만남 가운데 필연적인 만남이 있습니다. 필연적인 만남이란 거부할 수 없는 만남입니다. 어떤 사람은 좋은 부모를 만나고, 어떤 사람은 그렇지 못한 부모를 만납니다. 또 어떤 사람은 고아로 성장하기도 합니다. 또 어떤 사람은 입양되어 양부모 밑에서 성장하기도 합니다.

만남은 사건입니다. 그 사건을 어떻게 해석하고 반응하느냐에 따라 모든 것이 달라집니다. 훌륭하지 못한 부모를 만났음에도 부모에게서 생명을 받은 것만으로도 감사하며 그 부모를 존귀하게 여기는 사람이 있습니다. 그런가 하면 훌륭한 부모를 만났음에도 감사하지 못하고 불평하고 원망하며 사는 사람도 있습니다.

모든 만남이 우연인 것 같지만, 하나님의 섭리로 보면 결코 우연이 아닙니다. 하나님의 자녀에게는 우연이란 없습니다.

오직 섭리만 있을 뿐입니다. 우리는 하나님의 섭리를 다 이해할 수 없습니다. 그 이유는 하나님은 모호하고 신비로운 분이기 때문입니다.

하나님은 우리에게 만물을 다 보여 주시거나 일일이 인도해 주시지는 않습니다. 다만 한 걸음씩 인도해 주실 뿐입니다. 욥의 이야기를 통해 배우는 것처럼 하나님은 우리에게 모든 것을 설명해 주시는 분도 아닙니다. 대부분 오랜 세월이 지난 후에야 하나님의 섭리를 깨닫게 됩니다.

좋은 만남이 찾아오는 것은 은혜입니다. 좋은 만남을 '은총'이라는 말로 표현하기도 합니다. 은총이란 어떤 사람의 눈에 사랑스럽게 보이는 것입니다. 어떤 사람을 만났을 때, 긍휼을 베풀어 주고 싶고, 도와주고 싶고, 키워 주고 싶은 생각이 들게끔 하는 것이 은총입니다. 그 은총을 받는 사람도, 베푸는 사람도 하나님의 은혜 가운데 있습니다.

좋은 만남을 알아보고, 그 만남을 계속 가꾸는 것이 지혜입니다. 좋은 만남을 머물게 하는 비결은 좋은 만남을 소중히 여기는 것입니다. 좋은 만남을 당연히 생각하지 않고 늘 고마워하는 것입니다. 좋은 만남 속에는 좋은 기회가 담겨 있습니다. 좋은 만남 속에 담긴 기회란 배움의 기회입니다. 성장의 기회입니다. 또 다른 좋은 만남과 연결되는 기회입니다. 하나님의 기회는 만남 속에 담겨 있습니다.

좋은 만남의 복에는 좋은 스승, 좋은 친구, 좋은 배우자, 좋은 책과의 만남이 포함되어 있습니다. 그래서 좋은 만남의 복을 흔히 인복(人福)이라고 말합니다. 인복은 좋은 복입니다. 그래서 우리 자녀들을 위해 기도할 때, 인복을 주시도록 기도해야 합니다. 저는 좋은 만남의 복을 받았습니다. 제가 어떻게 인복을 받게 되었을까 생각해 봅니다. 첫째, 하나님의 은혜로 인복을 받았습니다. 둘째, 어머니의 기도 덕분입니다.

좋은 만남 가운데 가장 좋은 만남은 하나님과의 만남입니다. 하나님을 만난 사람은 최고의 복을 받은 사람입니다. 하나님을 모신 사람은 세상의 어떤 것과도 비교할 수 없는 복을 받았습니다. 우리가 믿고 영접한 예수님 안에 모든 좋은 것이 담겨 있습니다. 예수님 안에 "은혜와 진리가 충만"(요 1:14)합니다. 예수님이 곧 "길이요 진리요 생명"(요 14:6)입니다. 예수님 안에 "지혜와 지식의 모든 보화가 감추어져"(골 2:3) 있습니다. 예수님은 복의 원천입니다. 그러므로 예수님을 가까이하는 것이 복입니다.

예수님을 통해 배운 지식과 지혜를 삶에 적용할 때, 풍성한 복을 누리게 됩니다. 가룟 유다는 예수님을 가까이했지만, 예수님을 신뢰하지 않았습니다. 최고의 스승 곁에 있었지만, 배우지 않았습니다. 가까이하는 것이 복이지만, 더욱 중요한 것은 가까이하는 예수님을 신뢰하고, 그 말씀을 따라 살아가는 것입니다. 그때 우리는 예수님 안에 감춰진 풍성한 복을 누리게 됩니다.

좋은 만남 가운데 낯선 만남이 있습니다. 하나님이 쓰신 인물들을 연구해 보면 익숙한 만남이 아니라 낯선 만남을 통해 놀라운 길이 열리는 것을 봅니다. 요셉의 생애를 묵상해 보십시오. 그는 형제들에게서 버림받아 익숙한 고향 땅을 떠나 낯선 애굽 땅으로 팔려 갔습니다. 그러나 애굽에 들어간 이후로 낯선 만남을 통해 그의 꿈이 성취됩니다. 낯선 이방인 보디발이 요셉에게 은혜를 베풀어 주었습니다(창 39:4). 그가 감옥에 들어가자, 하나님이 낯선 간수장에게서 은혜를 받도록 도와주셨습니다(창 39:21). 감옥에서 만났던 낯선 술 맡은 관원장을 통해 바로를 만나게 되었습니다(창 40:9-41:14). 바로와의 만남도 낯선 만남이었습니다. 그러나 하나님은 이 모든 낯선 만남을 통해 요셉에게 복을 주셨습니다. 그리고 그로 하여금 결국 "많은 백성의 생명을 구원"(창 50:20)하는 사명을 완수케 하셨습니다.

낯선 만남은 우선 경계하는 것이 옳지만, 낯선 만남을 향한 마음 문은 열어 놓으십시오. 모든 좋은 만남은 낯선 만남에서 시작되기 때문입니다. 중요한 것은, 낯설지만 좋은 만남을 잘 가꾸는 것입니다. 그 비밀은 겸손에 있습니다. 존중에 있습니다. 배우는 태도에 있습니다. 한결같은 성실함에 있습니다. 좋은 만남을 통해 함께 하나님의 뜻을 이루어 가는 데 있습니다.

저는 늘 좋은 만남을 가꾸려고 노력합니다. 직접 만나 뵙지 못하면, 메시지를 통해서라도 좋은 만남을 가꿉니다. 또한 낯선 만남을 통해 새로운 배움을 얻습니다. 인생은 만남입니다. 만남을 소중히 여기십시오. 좋은 만남을 잘 가꾸고, 낯선 만남을 통해 아름다운 미래, 새로운 세계가 열리시길 빕니다.

3장

꾸준함이 비범함을 만듭니다

배움은
나를 진정으로 사랑하는 길입니다

우리는 사랑하는 것을 키웁니다. 자신을 진정으로 사랑한다면, 자기 자신을 키울 줄 알아야 합니다. 배움이란 가치를 더하는 것입니다. 배우면 나의 가치가 더해집니다. 가치란 소중히 여기는 것입니다. 배움을 통해 내 자신의 가치가 더해질 때, 소중히 여김을 받게 됩니다. 가정에서나 직장에서나 어디를 가든지 그 가치를 인정받게 됩니다. 배움을 통해 남이 갖지 못한 지식이나 기술을 갖게 되면, 나의 가치가 올라갑니다. 누구도 함부로 대하지 않게 됩니다.

배움이 왜 중요한가를 알지 못하는 사람은 배우는 법에 관심을 갖지 않을 것입니다. 자신을 키우는 배움이야말로 자신을 진정으로 사랑하는 길입니다. 배움을 통해 자신을 키울 줄 아는 사람은 자신을 값진 보물로 만들 줄 아는 사람입니다. 16세기 성공회 사제 존 던(John Donne)은 "우리는 자신을 키우는 농부다. 우리가 싹을 틔우고 무성하게 자랄 수 있다면 위대한 미래에 쓰일 값진 보물이 될 것이다"라고 말했습니다. 배움을 통해 자신을 키워 본 경험이 있는 사람은 다른 사람도 잘 키워 보배롭게 만들 줄 압니다.

저의 일상은 극히 단순합니다. 새벽에 일어나면 말씀과 기도로 하루를 시작합니다. 오늘도 누가복음의 말씀을 묵상했습니다. 또한 시편 5장을 읽고, 잠언 1장을 읽었습니다. 말씀을 읽고 묵상할 때는 영의 귀를 열어 하나님의 음성에 귀를 기울입니다. 제게 주시는 하나님의 음성은 대부분 깨달음을 통해 임합니다. 고요한 마음으로 말씀을 읽고 묵상하는 중에 깊은 깨달음을 얻고, 삶의 통찰력을 얻습니다. 그 후에 하나님이 주신 말씀을 품고 기도를 드립니다. 말씀을 품고 기도할 때마다 하나님께 지혜와 은혜를 구합니다. 그리고 하나님의 능력을 구합니다.

사람들은 배움이 어렵다고 말합니다. 배움이 어려운 까닭은 생각해야 하기 때문입니다. 생각한다는 것은 신경이 쓰이는 일입니다. 그런 까닭에 생각 없이 살고 싶은 유혹을 받습니다. 생각 없이 살면 잠시는 편하지만, 많은 문제가 일어납니다. 깊이 생각하지 않고 한 말, 충동적으로 쏟아낸 분노, 감정에 치우쳐 빠져든 유혹, 잘못된 선택이 우리 인생을 비참하게 만듭니다.

그런 까닭에 미국의 정신과 의사 M. 스캇 펙(Morgan Scott Peck)은 원죄를 "생각의 게으름"으로 보았습니다. 그는 아담과 하와가 뱀의 유혹을 받았을 때, 깊이 생각하지 아니한 탓에 유혹에 빠졌다는 사실을 강조합니다. 지혜란 분별력을 의미합니다. 우리는 깊이 생각함으로써 올바른 분별력을 갖게 됩니다. 올바른 분별력을 가질 때, 올바른 선택을 할 수 있습니다. 올바른 선택은 최상의 결과를 낳습니다.

배움은 어렵지만 즐거운 일입니다. 배움이 즐거운 까닭은 배움이 우리를 더 나은 사람으로 만들어 주기 때문입니다. 배움은 우리를 탁월한 그리스도의 제자가 되도록 만들어 줍니다. 그러므로 계속해서 배우는 법을 배우십시오. 배움을 통해 자신을 위대한 미래에 쓰일 값진 보물로 만드십시오.

배움의 즐거움이
범사에 감사하는 마음을 낳습니다

사람마다 즐거워하는 것이 있습니다. 사람은 즐거워하는 것을 통해 자신을 만들어 갑니다. 죄짓는 것을 즐거워한다면, 스스로 자신을 파멸로 몰아넣게 될 것입니다. 그러나 배움을 통해 더 나은 사람이 되어 가기를 즐거워한다면, 자신을 스스로 아름답게 세워 나가고 있는 것입니다.

배움은 우리가 이전에 몰랐던 것을 알도록 도와줍니다. 배움은 우리 안에 감춰진 잠재력을 일깨워 줍니다. 우리는 배움을 통해 생각의 근육을 강화할 수 있습니다. 오랫동안 깊이 생각해도 생각의 근육이 튼튼하면 지치지 않습니다. 그런 과정을 통해 우리는 골치 아픈 인생 문제에 대한 놀라운 해답을 얻게 됩니다. 생각의 근육이 강화되면, 생각하는 것이 더 이상 고통이 아니라 즐거움이 됩니다.

배우는 법을 배울 수만 있다면, 배움은 즐거움이 될 수 있습니다. 우리는 성장하는 과정에서 배우는 법을 배우지 못했다는 사실 앞에 당황하게 됩니다. 우리는 배움이 얼마나 중요한가를 압니다. 교육이 얼마나 가치 있는가를 압니다. 미국에 이민 온 분들은 한결같이 '자녀 교육'을 위해 미국에 왔다고 말합니다. 문제는 우리가 배움의 중요성을 알면서도 배움의 즐거움을 경험하지는 못한다는 데 있습니다. 조금 더 강조하면, 배움의 중요성을 머리로는 알고 강조하지만, 스스로가 배움의 중요성을 절실히 느끼지 못하고 살아간다는 것입니다. 그런 까닭에 어느 순간부터 배움을 포기한 채 살아갑니다. 배움을 포기한다는 것은 성장을 포기하는 것을 의미합니다.

배움이 소중한 것은 겸손한 사람만이 배우기 때문입니다. 겸손한 사람은 자신의 부족함을 알기에 늘 배웁니다. 겸손한 사람은 모르는 것을 모른다고 말합니다. 모르는 것을 모른다고 말하는 것은 결코 부끄러운 일이 아닙니다. 모르면서 아는 체하는 것이 부끄러운 일입니다. 가장 안타까운 것은 배우지 않는 사람은 배움의 즐거움을 누리지 못한다는 것입니다. 하나님은 우리를 제자로 부르셨습니다. 제자란 배우는 사람입니다. 배움에 대한 감사는 하나님이 기뻐하시는 감사입니다.

배움에는 즐거움이 있습니다. 배우는 즐거움은 자라는 즐거움입니다. 우리는 씨앗을 심고 자라는 것을 볼 때 기뻐합니다. 어느 날, 난이 꽃을 피우기 위해 꽃봉오리를 드러내는 것을 볼 때 기뻐합니다. 우리 자녀들이 자라는 것을 볼 때 기뻐합니다. 시작한 사업이 점점 성장하는 것을 볼 때 기뻐합니다. 예수님을 믿는 사람들은 섬기는 교회가 자라는 것을 볼 때 기뻐합니다.

배우는 즐거움은 변화하는 즐거움입니다. 배우면 좋은 쪽으로 변화됩니다. 그러나 배우지 않으면, 나쁜 쪽으로 변질됩니다. 고인 물이 썩는 것과 같습니다. 하나님의 말씀을 배울 때, 말씀이 우리 속에 들어와 우리를 변화시키는 것을 경험하게 됩니다. 그때 우리 인격이 변화됩니다. 인품이 변화되고, 성품이 변화되고, 언품이 변화됩니다. 이전 같았으면 화냈을 일도 화내지 않고 참아 줍니다. 화내는 대신에 이해해 주고 품어 줍니다. 그때 우리 가슴이 넓어집니다. 마음의 그릇이 커집니다. 그 커진 그릇에 하나님이 큰 복을 부어 주십니다.

배운다는 것은 깨어 있다는 것을 의미합니다. 배움을 통해 깨어 있는 사람은 감사에도 깨어 있게 됩니다. 감사에 깨어 있을 때 범사에 감사하게 됩니다. 범사에 감사하면 좋은 것들이 찾아옵니다. 그러니 범사에 감사하여 좋은 것들을 맞이하십시오.

우리는 인생에서 정말 많은 변화를 경험하며 살아갑니다. 앞으로도 어떤 변화를 겪게 될지 예측할 수가 없습니다. 수년 전에 코로나19 펜데믹을 겪으면서 얼마나 불안하고 답답했습니까? 펜데믹은 수많은 사람에게 말할 수 없는 고통을 안겨 주었습니다. 그럼에도 불구하고, 우리는 욥처럼 모든 사건에서 감사할 이유를 찾아낼 수 있습니다. 코로나19를 겪기 전에는 온라인 모임을 생각해 본 적이 없었습니다. 그런데 펜데믹 기간에 많은 성도가 온라인으로 말씀을 배우며 감사를 고백했습니다. 펜데믹이 우리에게 배움의 즐거움과 감사를 선물한 것입니다.

제가 하는 일은 우리 성도들 안에 있는 성장의 본능을 일깨워, 배움을 기쁨으로 누리게 하는 것입니다. 그리함으로써 배움을 통해 예수 그리스도의 장성한 분량에 이르도록 돕는 것입니다(엡 4:13). 성장은 저절로 되지 않습니다. 아이들이 배우지 않고 어떻게 성장할 수 있겠습니까? 사람은 배우는 만큼 성장합니다. 배움을 향해 마음의 문을 여십시오. 배움을 통해 더욱 깊이 있는 사람이 되십시오. 배움을 통해 진정한 안식을 경험하도록 하십시오. 배움의 즐거움을 통해 아름답게 성장하시는 한 분 한 분이 되시길 빕니다.

책,
다시 일어서도록 돕는
좋은 친구

저는 책을 좋아합니다. 지금도 책을 구입하기 위해 서점에 갈 때면 가슴이 뜁니다. 새로 구입한 책을 품고 집에 돌아올 때면 흥분됩니다. 새로 읽게 될 책과의 만남이 기대되기 때문입니다. 인생은 만남입니다. 새로운 만남은 새로운 지식과 정보와 경험을 제공해 줄 뿐만 아니라 새로운 세계를 열어 줍니다. 제가 터득한 배우는 법 중에 가장 중요한 기술은 바로 책 읽는 기술입니다.

제가 책을 좋아하게 된 것은 하나님의 은혜입니다. 저는 책을 통해 배움의 길로 들어설 수 있었습니다. 책을 통해 배우는 법을 배웠습니다. 무엇보다 책 중의 책인 성경을 읽고 하나님을 만났고, 저 자신을 발견할 수 있었습니다. 저는 책을 통해 말로 표현할 수 없는 혜택을 누렸습니다. 책을 통해 제가 직면했던 많은 문제를 해결할 수 있었습니다. 책을 통해 이전에 알지 못했던 것들을 알게 되었고, 또한 알고 있던 것들을 더욱 확실히 알게 되었습니다. 책은 제가 실패했을 때 좌절하지 않도록 도와주었습니다. 책은 제가 실패했을 때 실패를 딛고 일어설 수 있도록 도와준 좋은 친구입니다.

저는 책을 읽는 중에 실패를 딛고 일어선 사람들을 만났습니다. 수많은 장애를 극복하고 승리한 사람들을 만났습니다. 벼랑 끝에서 추락하지 않고 비상한 사람들을 만났습니다. 저는 책을 통해 꿈꾸는 사람이 되었습니다. 꿈을 성취하는 법을 배웠습니다. 좌절된 꿈을 치유하는 법을 배웠습니다. 또한 다른 사람들의 꿈을 성취할 수 있도록 도와주는 법을 배웠습니다. 책을 통해 자족의 비결을 배웠습니다. 책을 통해 분별력과 판단력과 통찰력과 예견력을 길렀습니다. 책을 통해 사람들과 좋은 관계를 맺는 법을 배웠습니다. 책을 통해 좋은 선택을 하는 법을 배웠고, 갈등을 극복하는 법을 배웠습니다. 책을 통해 목표를 설정하고, 과업을 달성하는 법을 배웠습니다. 책을 통해 사람을 키우고 남기는 법을 배웠습니다.

어느 날, 저는 "왜 우리나라 사람들은 책을 좋아하지 않을까? 왜 책을 읽지 않는 것일까?" 하는 의문이 들었습니다. 곰곰이 생각해 보니, 그 이유는 대학에 들어가기 전까지 너무 힘들게 공부한 까닭입니다. 공부를 시험 준비로 생각한 까닭입니다. 그래서 고등학교를 졸업하는 순간, 책을 멀리하게 되는 것 같습니다. 또 다른 이유가 있다면, 책 맛을 제대로 경험하지 못한 까닭입니다. 책 맛이란, 글맛을 의미합니다. 책을 통해 배우는 즐거움을 의미합니다. 글맛이란 책을 읽는 중에 경험하는 깊은 깨달음의 환희를 의미합니다. 책 맛을 아는 사람은 독서가 제공해 주는 유익을 경험한 사람입니다. 그래서 책을 계속해서 읽게 됩니다.

제가 책을 좋아하고, 책 읽는 법을 지속적으로 배우는 이유는 성경을 잘 읽고 깨닫기 위해서입니다. 성경은 책 중의 책입니다. 성경은 성령님의 영감으로 쓰인 하나님의 말씀입니다. 성경은 우리에게 필요한 모든 지식과 지혜의 보화가 담겨 있습니다. 성령님의 도움을 받아 성경을 읽는 중에 경험하는 깨달음은 최상의 깨달음입니다.

특별히, 저는 책 속에서 길을 발견했습니다. 우리 자신을 개발할 수 있는 길이 책에 담겨 있습니다. 꿈을 성취하는 길이 담겨 있습니다. 재능과 은사를 개발하는 길이 담겨 있습니다. 탁월함에 이르는 길이 담겨 있습니다. 그래서 책이 보배입니다. 책을 통해 저는 지혜를 얻는 법을 배웠습니다. 무엇보다 하나님을 더욱 알게 되었습니다. 하나님의 지혜를 얻게 되었습니다. 하나님의 원리와 법칙을 배우게 되었습니다.

책을 좋아하기 위해서는 책 읽는 법을 배워야 합니다. 책을 읽을 때는 호기심을 갖도록 하십시오. 질문을 품고 읽으십시오. 집중해서 읽으십시오. 배우고 싶은 주제가 있다면, 그 주제와 관련된 책을 찾아 읽으십시오. 책에서 배운 것을 삶 속에 적용하십시오. 배운 것을 활용하십시오. 책을 읽을 때 중요한 것은 관련을 맺는 기술입니다. 책에 나온 좋은 지식이나 원리를 내 삶과 관련을 맺도록 하십시오. 관련을 맺는 순간, 배운 지식은 우리 삶의 한 부분이 됩니다. 우리 존재속에 스며들게 됩니다. 그러면 평생 우리 곁을 떠나지 않게됩니다. 지식은 가장 소중한 자산의 하나입니다. 우리에게서 물질을 빼앗아 갈 수 있을지 몰라도 존재의 한 부분이 된 지식은 아무도 빼앗아 갈 수 없습니다. 저는 지금도 책 읽는 법을 계속해서 배우며 연마하고 있습니다. 괴테는 "나는 책 읽는 법을 배우기 위해 80년이라는 세월을 바쳤지만, 아직까지도 잘 배웠다고 말할 수 없다"라고 말했습니다.

저는 우정을 소중히 여깁니다. 그래서 한번 친구를 사귀면 오랫동안 우정을 가꾸려고 노력합니다. 우정을 잘 가꾸는 열쇠는 존중에 있습니다. 존중이란 상대방을 귀하게 여기는 것을 의미합니다. 우정은 서로를 귀하게 여길 때 더욱 깊어집니다. 우리가 경험하는 것처럼 서로를 멸시하거나 경멸하면서 좋은 우정을 쌓을 수는 없습니다. 책과의 우정을 쌓는 것도 같은 원리입니다. 우리가 책을 존중하고 소중히 여길 때 책은 우리에게 필요한 보석 같은 지식과 지혜를 제공해줍니다.

나이가 들수록 좋은 친구의 존재가 더욱 소중하게 느껴집니다. 좋은 친구가 중요한 까닭은 우리 생애를 아름답게 만들어 주기 때문입니다. 좋은 친구는 우리가 더욱 나은 사람이 되도록 도와주기 때문입니다. 성경은 "철이 철을 날카롭게 하는 것같이 사람이 그의 친구의 얼굴을 빛나게 하느니라"(잠 27:17)라고 말씀합니다. 좋은 친구는 우리의 잠재력을 극대화해 줍니다. 우리 생애를 더욱 아름답고 영광스럽고 빛나게 만들어 줍니다. 좋은 친구는 우리를 하나님과 더욱 친밀한 교제를 나눌 수 있도록 도와줍니다. 예수님의 몸 된 교회 공동체 안에서 조화를 이루면서 생활하도록 돕습니다.

우리 인생은 늘 가까이하는 것을 통해 만들어집니다. 세월을 아끼고, 부디 책을 가까이하십시오. 성경을 가까이하십시오.

책 속에서 보화를 캐내십시오

책 속에는 보화가 담겨 있습니다. 하지만 어떤 사람은 책을 읽어도 보화를 발견하지 못합니다. 저는 책을 읽는 중에 보화를 발견했습니다. 우리에게 필요한 모든 지식이 책에 담겨 있습니다. 책을 읽고, 책에 담긴 지식과 정보를 활용할 수만 있다면, 우리 미래는 밝습니다. 그래서 책을 좋아하고, 책을 가까이합니다. 그래서 책을 쓰고, 책을 선물합니다.

우리는 책 속에서 보화를 캐내는 지혜를 배워야 합니다. 첫 번째 지혜는 존중입니다. 존중은 좋은 것을 끌어오는 원리입니다. 우리가 만나는 사람들을 존중할 때, 사람들은 최상의 것을 선물해 줍니다. 반면에 만나는 사람들을 멸시하고 함부로 대하면 좋은 것을 선물해 주지 않습니다. 예수님이 고향을 방문하셨을 때, 고향 사람들은 예수님을 존중하지 않았습니다. 예수님을 마리아의 아들 목수라고 멸시하면서 배척했습니다(막 6:3). 예수님은 자신을 존중하지 않는 고향에서는 아무 권능도 행하실 수 없었습니다(막 6:5). 예수님은 안타까운 마음으로 "선지자가 자기 고향과 자기 친척과 자기 집 외에서는 존경을 받지 못함이 없느니라"(막 6:4)라고 말씀하셨습니다.

책을 읽을 때는 책을 존중해야 합니다. 책을 쓴 저자를 존중해야 합니다. 책을 폄하(貶下)하면 책을 읽어도 도움이 되지 않습니다. 반면에 책을 존귀하게 여기고, 책의 가치를 인정하고, 책을 쓴 저자를 존중하면, 책에서 많은 보화를 캐낼 수 있습니다. 책에서 캐내는 보화는 지식과 정보와 지혜입니다. 책을 쓰는 저자는 아무렇게나 쓰지 않습니다. 자신이 10년, 20년 또는 평생 배운 것 중에서 가장 좋은 것을 책에 담습니다. 대부분의 책에는 저자의 심려(深慮)가 담겨 있습니다. 그러므로 존중하는 마음으로 책을 읽으면, 숨은 보석을 발견하게 될 것입니다.

두 번째 지혜는 사랑입니다. 책을 좋아하는 것을 넘어 사랑하는 단계로 들어가야 합니다. 책을 사랑하는 단계가 되면, 책을 즐기게 됩니다. 사랑의 극치는 즐김과 누림에 있습니다. 사랑은 배움의 원리입니다. 우리는 사랑하는 대상에게서 가장 잘 배웁니다. 우리가 어떤 과목을 사랑했다면, 그것은 그 과목을 사랑했다기보다 그 과목을 가르친 선생님을 사랑했을 가능성이 높습니다. 사랑하면 즐기게 되고, 즐기면 이해가 쉬워집니다. 우리는 사랑하는 만큼 이해합니다. 우리는 사랑하는 만큼 대상을 소중히 여기고, 그것을 오래 기억합니다. 사랑하면 가슴에 새깁니다.

세 번째 지혜는 신뢰입니다. 책에 대한 신뢰는 책 속에 길이 있음을 믿는 것입니다. 저는 책 속에 길이 있다고 믿습니다. 길은 도(道)입니다. 도(道)는 우리가 깨달아야 할 이치(理致)를 의미합니다. 길은 인생 문제의 해결책입니다. 길은 곧 생명입니다. 추운 겨울에 산속에서 길을 잃으면 죽을 수도 있습니다. 그렇다고 책을 우상화하라는 뜻은 아닙니다.

책을 대하는 태도에 따라 많은 것이 결정됩니다. 책을 읽을 때 가장 좋지 않은 자세는 냉소주의입니다. 책을 읽어도 별 도움이 안 된다는 냉소주의는 아주 좋지 않은 자세입니다. 책을 읽을 때, 호기심을 가져 보십시오. 책 속에서 어떤 보화를 건지게 될지 기대해 보십시오.

제가 소개한 책 읽는 방법은 하나님의 말씀을 읽을 때도 적용할 수 있습니다. 하나님의 말씀을 읽을 때, 말씀을 존중하십시오. 말씀의 원저자가 되시는 성령님을 존중하십시오(딤후 3:16). 하나님의 말씀을 읽을 때, 말씀을 사랑하십시오. 말씀 속에서 만나는 하나님을 사랑하십시오. 하나님의 말씀을 읽을 때, 말씀을 신뢰하십시오. 또한 말씀 속에서 만나는 하나님을 신뢰하십시오. 책 중의 책은 성경입니다. 성경 속에 길이 있습니다. 성경 속에서 길 되시는 예수님을 만나게 됩니다(요 14:6).

다만 성경을 읽을 때는 다른 책 읽기와 달리 천천히 깊이 읽어야 합니다. 성경은 거울과도 같습니다. 우리 자신의 진면

모를 보여 주기 때문입니다. 성경을 읽을 때, 자신을 발견하고 변화와 성숙을 추구하게 됩니다. 성경과 좋은 책들 속에서 보화를 캐내어 사용하시길 바랍니다.

천천히 깊이 읽으면,
깊은 깨달음에 이릅니다

우리가 경험하는 여러 가지 즐거움 가운데 깨달음의 즐거움이 있습니다. 우리는 이전에 알지 못했던 것을 깨달을 때 놀라운 기쁨을 누리곤 합니다. 하나님이 우리를 지성적이면서 영적인 사람으로 만드셨기 때문입니다. 깨달음의 깊이는 깊이 읽는 것과 밀접한 관련이 있습니다. 즉 깊은 깨달음은 깊은 읽기에서 나온다는 뜻입니다.

깨달음은 영적인 눈이 열리는 경험입니다. 우리는 무엇인가를 깨달을 때, "아하!" 하고 조용히 탄성을 지르게 됩니다. 깨달음의 기쁨은 발견의 기쁨입니다. 배움의 기쁨이자 각성(覺醒)의 기쁨입니다. 또한 연결의 기쁨입니다. 하나님의 말씀을 읽고 들을 때, 그 말씀이 나와 연결되는 경험을 하게 됩니다. 과거에 경험했던 사건과 연결되는 것을 경험할 때가 있습니다. 과거의 사건에 대한 의미를 깨닫게 된다는 뜻입니다. 하나님의 섭리의 관점에서 과거 사건을 조명하는 것입니다. 이때 놀라운 희열(喜悅)을 경험하게 됩니다.

우리는 아는 만큼 볼 수 있습니다. 많이 읽으면 읽을수록 많이 알게 되고, 많이 알수록 많이 보게 됩니다. 그러나 많이 읽는 것만큼 중요한 것이 있습니다. 바로 깊이 읽는 것입니다. 깊이 읽기 위해서는 서두르면 안 됩니다. 하나님의 말씀을 깊이 깨닫길 원한다면, 한 번에 지나치게 많은 양을 읽지 않도록 주의하십시오. 성경은 생명의 떡입니다. 우리가 한 번에 많은 양의 떡을 먹을 수 없는 것처럼 말씀도 한꺼번에 많은 양을 소화할 수는 없습니다.

그렇다고 다독(多讀)을 무시해서는 안 됩니다. 필요하다면 다독하십시오. 필요하다면 집중해서 많은 양을 몰입해서 읽으십시오. 성경 전체를 보고, 맥을 잡기 위해서는 그리할 필요도 있습니다. 하나님의 전체 경륜을 깨닫는 데 도움이 될 것입니다. 저는 어떤 주제를 연구할 때, 관련된 책을 20권에서 200권 정도 읽습니다. 그렇게 하면 그 주제를 총괄적으로 파악하고, 깊이 이해하게 됩니다. 나아가 완벽하지는 않아도 어느 정도 통달하게 됩니다. 성경 66권 중 한 권이나 어떤 주제에 관한 책을 집중해서 읽는 것도 괜찮습니다. 로마서만 집중적으로 1천 번을 읽거나 요한계시록만 1만 번을 읽었다는 분들을 뵌 적이 있습니다. 아주 소중한 경험입니다. 어떤 책이든, 어떤 주제이든 반복해서 읽으면 그 분야에 통달하게 될 것입니다.

저는 다독과 정독의 균형을 이루려고 노력합니다. 다독하면 다양한 주제를 알게 되고, 지식의 범위가 넓어집니다. 또한 인생과 사람을 총체적으로 이해하게 됩니다. 인생에 대한 큰 그림을 보게 되고, 영원의 시각에서 만물을 보게 됩니다. 무엇보다 다양한 관점과 다양한 표현을 배우게 됩니다. 그 덕분에 다양한 사람들을 잘 이해하게 됩니다. 다른 것은 틀린 것이 아니며 말 그대로 다를 뿐이라는 사실을 인정하게 됩니다. 그만큼 다양성을 수용하는 폭이 넓어집니다.

그러나 넓이와 깊이는 함께 가야 합니다. 성경 지식의 넓이는 성경을 깊이 이해하는 길로 들어서기 위한 초석입니다. 많이 읽어 왔다면, 이제부터는 깊이 읽어 보십시오. 깊이 읽을 때, 깊은 깨달음에 이를 수 있게 됩니다.

성경을 천천히 깊이 읽어야 하는 이유는 하나님을 맛보아 알기 위해서입니다. 하나님과 교제하기 위해서입니다. 하나님의 말씀에 순종하기 위해서입니다. 천천히 깊이 읽을 때, 우리는 성경의 깊은 맛을 경험하게 됩니다. 다윗은 하나님의 말씀이 송이꿀보다 더 달다고 고백했습니다(시 19:10). 그는 말씀의 깊은 맛을 아는 사람이었습니다.

말씀을 천천히 깊이 읽을 때 중요한 것은 거룩한 상상력을 동원해서 말씀의 상황 속으로 들어가는 것입니다. 그때, 우리는 성경 속에 등장하는 인물들을 만나게 됩니다. 무엇보다 하나님을 만나게 됩니다. 하나님을 만나고, 하나님을 바라보는 중에 하나님을 닮아 가게 됩니다.

헨리 나우웬의 가르침처럼 우리가 성경을 많이 읽는 것보다 성경으로 하여금 우리 자신이 읽히는 것이 더 중요합니다. 성경을 읽는 중에 하나님을 만나고, 자기 자아를 발견한다면, 깊이 읽고 있는 것입니다. 성경에 담긴 하나님의 섭리가 깨달아진다면, 깊이 읽고 있는 것입니다. 읽기 전과 후가 달라졌다면, 변화와 성숙을 경험한다면, 깊이 읽고 있는 것입니다.

말씀을 천천히 깊이 읽을 때, 우리는 변화를 경험하게 되고 성숙에 이르게 됩니다. 날마다 시간을 내어 하나님의 말씀을 천천히 깊이 읽으십시오. 날마다 하나님의 말씀을 읽으며 하나님과 더불어 생활하십시오. 천천히 깊이 읽는 중에 깊은 깨달음에 이르게 될 것입니다.

글쓰기,
문제 해결의 열쇠

글을 쓴다는 것은 쉬운 일이 아닙니다. 하얀 빈칸을 채워 나
간다는 것은 어려운 일입니다. 글쓰기가 어려운 까닭은 우
리가 주로 말로 소통하기 때문입니다. 생일 축하 카드 한 장
쓰는 것도 쉽지 않습니다. 짧은 글 속에 영혼을 담아야 하는
까닭입니다. 글을 날마다 쓰는 저술가요 목회자로서 살아가
는 저도 두 딸과 사위들 생일을 맞이해서 카드를 쓸 때면 꽤
어색합니다. 사랑을 표현하는 것이 어색하고, 쑥스럽기만
합니다.

제가 처음부터 글을 잘 쓸 수 있었던 것은 아닙니다. 한때는
글이 솟구쳐 올라오기보다는 옛날 어머니들이 빨래를 쥐어
짜듯이 글을 짜내야 했습니다. 정말 고통스러운 일이었습니
다. 설교를 준비하는 것이 고문이었습니다. 주일 새벽 2시
가 지나서야 설교 준비가 끝나곤 했습니다. 때로는 설교 준

비를 위해 지식 창고의 바닥을 긁어내듯이 몸부림을 쳤습니다. 그러다가 탈진하기도 했습니다. 제 지식 창고가 비어 있었기 때문입니다. 지식 창고가 비어 있는 까닭에 몸부림을 쳐도 꺼낼 것이 없었던 것입니다.

저는 그런 경험을 통해 저의 지식 창고에 좋은 언어, 좋은 문장, 그리고 탁월한 통찰력이 담긴 금언(金言)들을 축적해 놓기 시작했습니다. 제가 지식 창고에 좋은 글들을 모으는 방법은 베껴 쓰는 것이었습니다. 일종의 필사(筆寫)입니다. 좋은 글을 베껴 쓰는 중에 머리가 아니라 손으로 공부하는 법을 배웠습니다. 몸으로 글 읽는 법을 배웠습니다. 눈으로만 책을 읽는 것이 아니라 손끝으로 책 읽는 법을 배웠습니다. 읽은 책을 필사하거나 컴퓨터에 입력하는 중에 지식이 제 존재 속에 스며드는 경험을 했습니다. 몇 년 동안 책을 꾸준히 반복해서 읽는 중에 지식 창고가 차곡차곡 쌓이는 것을 경험했습니다. 지식과 지식이 연결됨으로써 새로운 지식을 얻게 되는 것을 경험했습니다. 그 결과, 글 쓰는 일이 처음보다는 훨씬 수월해졌습니다.

글을 쓴다는 것은 우리 전 존재가 동원되는 일입니다. 글을 쓸 때, 우리는 그동안 자기가 배운 것, 읽은 것, 들은 것, 경험한 것들을 총체적으로 생각하게 됩니다. 그것들을 연결해 가면서 글을 씁니다. 또한 자기가 쓴 글을 읽을 독자를 생각하면서 글을 씁니다. 글은 사람과 사람 사이를 연결하는 다리요 성스러운 끈입니다. 그런 까닭에 글을 쓴다는 것은 정말 놀라운 일입니다.

글쓰기는 배움에 이르는 길입니다. 어떤 주제를 정하고 글을 쓰면 생각이 명료해집니다. 글을 쓰는 중에 생각이 확장되고, 깊어지는 것을 경험하게 됩니다. 글을 쓰다 보면 생각하지 못했던 놀라운 깨달음을 얻게 됩니다. 배운 것을 자기 생각으로 표현하는 중에 배운 것 이상의 깨달음에 이르기도 합니다. 글을 쓰는 중에 영감을 얻게 되고, 글을 쓰는 중에 지성이 깨어나는 것을 경험하게 됩니다.

또한 글쓰기를 통해 목표 달성의 축복을 누릴 수 있습니다. 목표를 글로 쓰는 사람과 쓰지 않는 사람은 그 성과가 하늘과 땅 차이라고 합니다. 목표를 글로 쓴다는 것은 그만큼 목표가 분명하며 소중하다는 뜻입니다. 글로 쓸 만큼 목표가 선명한 사람은 목표 달성을 위해 계획을 세우고 차근차근 실천에 옮깁니다.

설교나 강의를 들을 때 좋은 내용을 기록하는 것은 아주 중요한 일입니다. 기록한다는 것은 소중히 여긴다는 뜻입니다. 또한 기록한다는 것은 기억한다는 것이며 기록한 내용을 나누고 싶은 마음을 내포하고 있습니다. 설교를 들을 때마다 반드시 기록해야 하는 것은 아니지만, 간단하게라도 기록해 두는 것이 좋습니다. 아무리 좋은 내용이라도 기록해 두지 않으면, 잊게 되기 때문입니다. 우리는 기록을 통해 기억하고 보관하고 활용하게 됩니다. 우리 곁에 있는 양서

(良書)는, 누군가가 기록을 통해 우리에게 전수해 준 덕에 누리는 혜택임을 잊지 마십시오.

글쓰기의 유익은 책 한 권에 담아도 부족할 만큼 많습니다. 우리는 글쓰기를 통해 치유를 경험하게 됩니다. 영혼의 일기를 쓰십시오. 영혼의 일기에 자신의 아픔과 고통과 감정을 표현하십시오. 그때 마음의 상처가 치유됩니다. 영혼이 정화됩니다.

글쓰기는 문제 해결의 열쇠입니다. 문제가 있을 때, 문제를 글로 쓰고 해결책을 함께 기록해 보십시오. 전에는 미처 생각하지 못했던 해결책이 떠오르는 것을 경험하게 될 것입니다. 큐티를 한 후에 깨달은 것을 큐티 노트에 기록하십시오. 그 깨달은 것을 따라 하루 종일 묵상하며 기도하십시오. 또한 큐티를 하는 분들과 함께 나누십시오. 기도문을 글로 써 보십시오. 그리고 나서 그 기도가 어떻게 응답되는가를 관찰해 보시길 바랍니다. 놀라운 변화를 경험하실 것입니다. 글쓰기는 글을 쓰면서 배웁니다. 말하듯이 글을 쓰십시오. 글쓰기를 통해 더욱 깊은 배움에 이르시길 빕니다.

일,
복의 통로

하나님이 일을 맡기시는 이유는 첫째, 일을 통해 우리에게 복을 주시기 위함입니다. 요셉은 보디발의 집에서 가정 총무의 일을 통해 하나님의 복을 받았습니다. 억울하게 감옥에 들어갔을 때는 간수장이 맡긴 일을 잘 해냄으로써 복을 받았습니다. 애굽의 총리가 되었을 때는 그 일을 잘 수행함으로써 복을 받았습니다. 말년에 그는 일을 통해 하나님이 악을 선으로 바꾸사 많은 백성의 생명을 구원하게 하셨음을 고백했습니다(창 50:20). 하나님은 일을 통해 우리를 축복해 주십니다.

둘째, 우리 인격을 연단하시기 위함입니다. 하나님은 일을 통해 우리 인격을 수양시키십니다. 일을 통해 다양한 사람을 품을 수 있는 마음 그릇을 넓혀 주십니다. 과업을 성취하는 과정은 절대 쉽지 않습니다. 지극히 어렵습니다. 느헤미

야가 경험한 것처럼 수많은 반대와 갈등과 장애물과 위협과 음모와 비난과 조롱을 극복해야 합니다. 꽃길을 걷는 것처럼 쉽고 편안하게 과업을 성취할 수 없습니다. 과업을 성취하기 위해서는 피와 땀과 눈물이 함께 섞여야 합니다. 저는 목회하는 중에 큰 어려움을 여러 번 겪었습니다. 큰 산과 같은 장애물들을 만났습니다. 오해받고, 조롱받고, 비판도 받아 봤습니다. 그 과정을 통해 하나님은 저의 인격을 단련시켜 주셨습니다. 일터는 인격 수양의 장소입니다. 일을 통해 받게 되는 가장 큰 상은 이전보다 더 나은 사람이 되는 것입니다.

일꾼은 일을 잘해야 합니다. 일을 잘하는 사람은 "왜" 일하는지를 압니다. 일을 잘하는 사람은 자신이 하는 일에 의미를 부여할 줄 압니다. 단순히 돈만 벌기 위해 일하는 사람은 일의 소중함을 모르는 사람입니다. 어떤 사람은 일을 싫어합니다. 마지못해 일합니다. 일을 저주로 생각합니다.

일과 성품은 아주 중요한 관계가 있습니다. 일하는 태도를 보면 그 사람의 성품을 어느 정도 분별할 수 있습니다. 조심스러운 표현이긴 합니다만 일하는 사람의 태도를 통해 그 사람의 미래를 예측할 수 있습니다. 일하는 태도가 일하는 사람의 예고편이라고 해도 과언이 아닙니다.

하나님이 귀히 쓰시는 사람들은 일하는 태도가 좋습니다. 맡겨진 일을 자기 일처럼 성심을 다해 좋은 결과를 만들어 냅니다. 그들은 열정적으로 일하고, 맡겨진 일에 최선을 다해 헌신합니다. 대가를 먼저 생각하지 않고, 열심히 일합니다. 일을 맡기신 분의 기대보다 더 큰 결과물을 만들어 냅니다.

맡겨진 일보다 더 많은 일을 자원해서 완수할 줄 아는 사람은 지혜로운 사람입니다. 리브가는 엘리에셀이 마실 물을 부탁했을 때 그가 부탁하지 않은 낙타들에게까지 물을 마시게 했습니다(창 24:46). 그 덕분에 그녀는 자신이 수고한 것과 비교할 수 없는 상을 받았습니다. 예수님은 "또 누구든지 너로 억지로 오 리를 가게 하거든 그 사람과 십 리를 동행"(마 5:41)하라고 말씀하십니다. 억지로 맡게 된 일까지도 기쁨으로 수행하는 사람은 좋은 성품을 소유한 사람입니다.

탁월한 일꾼은 약속한 것보다 더 많은 것을 선물해 줍니다. 갈수록 더 좋은 것을 선물해 줍니다. 예수님은 가나 혼인 잔치에서 포도주가 떨어지니 물로 포도주를 만들어 주셨습니다(요 2:-10). 사람들이 기대한 것보다 훨씬 더 좋은 것을 선물해 주셨습니다. 하나님은 갈수록 더욱 좋은 것을 주시는 분입니다. 하나님은 충성된 일꾼들에게 반드시 보상하십니다. 보상이 혹시 늦어지면 복리로 계산하여 상을 주시는 분입니다. 수고한 일에 당장 어떤 보상이 주어지지 않는다고 조급해하지 마십시오. 때가 되면, 하나님이 반드시 상을 주실 것입니다(참조, 갈 6:9).

탁월한 일꾼은 자신이 맡은 일에 필요한 지식과 정보와 기술을 배우고 연마합니다. 일을 잘 완수하기 위해 하나님께 지혜를 구합니다. 과업을 완수하는 데 필요한 자원을 동원해 주시길 하나님께 간구합니다. 하나님은 일을 맡기실 때, 그 일에 필요한 일꾼들을 보내 주십니다. 필요한 자원을 공급해 주십니다. 그러므로 어떤 과업을 성취하기 위해서는 지적 자원, 인적 자원, 물질적 자원, 그리고 영적 자원을 동원할 줄 알아야 합니다. 저는 제게 맡겨진 과업을 성취하는 중에 과업 성취에 필요한 자원들을 공급해 주시는 하나님의 손길을 경험했습니다.

탁월한 일꾼은 시작한 일을 끝까지 완수할 줄 압니다. 많은 사람이 시작한 일을 완수하지 못하고, 중도에 그만둡니다. 그런 까닭에 성과를 보여 주지 못합니다. 시작은 했지만 일을 끝마치지 못한 까닭에 인정받지 못합니다. 칭찬받지 못합니다. 다음 단계로 나아가지 못합니다. 예수님은 십자가에서 "다 이루었다"(요 19:30)라고 말씀하셨습니다. 예수님은 시작하신 일을 끝내 완수하셨습니다. 맡은 사명을 완수하심으로써 하나님 아버지를 영화롭게 하셨습니다(요 17:4).

시작한 일을 완수하기 위해서는 잘 준비해야 합니다. 미리미리 준비하고, 시작한 일을 반드시 끝내겠다고 처음부터 결단해야 합니다. 일을 완수하는 데 필요한 것은 집중입니다. 끈기입니다. 꾸준함과 성실함입니다.

하나님이 맡기신 일을 소중히 여기십시오. 맡겨진 일을 사랑하십시오. 일터를 인격 수양의 장소로 여기십시오. 또한 전도와 선교의 현장으로 여기십시오. 조급함과 게으름과 지루함을 극복하고, 끝마무리를 잘 해내십시오. 하나님이 각자에게 맡기신 일을 완수함으로써 인정과 칭찬을 받는 일꾼이 되시길 빕니다.

평생 학습자는
영원한 청춘입니다

가장 훌륭한 스승은 배우는 법을 가르쳐 주는 사람입니다. 자신이 아는 것을 가르쳐 주는 것은 귀한 일입니다. 그러나 배우는 법을 가르쳐 주는 것은 더욱 고귀한 일입니다. 탈무드는 "고기 한 마리를 주면 하루를 살 수 있지만, 고기 잡는 법을 가르쳐 주면 평생을 살 수 있다"라고 말합니다. 지식을 전해 주는 것은 고기 한 마리를 주는 것과도 같습니다. 반면에 배우는 법을 가르쳐 주는 것은 고기 잡는 법을 가르쳐 주는 것입니다.

예수님은 "내게 배우라 그리하면 너희 마음이 쉼을 얻으리니"(마 11:29하)라고 말씀하시며 우리를 배움으로 초청하십니다. 배움을 통해 마음의 안식을 얻음을 가르쳐 주신 것입니다. 예수님은 제자들을 친히 가르쳐 탁월한 지도자로 키우셨습니다.

배우는 법을 배운 사람은 평생 학습자의 삶을 살게 됩니다.

미국의 유명 저술가 도널드 필립스(Donald Phillips)는 훌륭한 지도자들을 연구한 사람입니다. 그가 훌륭한 지도자들에게서 발견한 공통점은 그들이 평생 학습자(Life Long Learner)였다는 사실입니다.

저는 평생 학습자로 살아가면서 늘 배우는 법에 관심을 기울여 왔습니다. 왜냐하면 잘 배울 수 있어야 잘 가르칠 수 있기 때문입니다. 잘 배우는 기술은 아주 중요한 기술입니다. 미국의 대중 연설가 존 나이스비트(John Naisbitt)는 "가져야 할 가장 중요한 기술은 어떻게 배워야 하는지를 배우는 것이다"라고 말했습니다. 배우는 법을 배운다는 것은 스스로 배우는 법을 터득하는 것을 의미합니다. 영국의 역사학자 에드워드 기번(Edward Gibbon)은 "모든 사람은 두 가지 교육을 받는다. 하나는 다른 사람에게서 받는 교육이고, 다른 하나는 첫 번째보다 더 중요한 교육으로 스스로 배우는 것이다"라고 말했습니다. 스스로 배우는 것은 다른 사람에게서 배우는 것보다 더 유용합니다. 학창 시절에 두각을 나타내지 못했다고 낙심할 필요가 없습니다. 스스로 학습하는 법을 터득하고 나면, 학교에서 드러내지 못한 두각을 인생에서 드러낼 수 있습니다.

저는 평생 학습법을 탐구하다가 뇌 연구에도 관심을 갖게 되었습니다. 뇌는 새로운 것을 공부하고, 무엇인가를 창조해 낼 때 활력이 넘치게 됩니다. 뇌에는 지적 자극과 깨달음을 통한 거룩한 쾌감보다 더 좋은 활력소가 없습니다. 나이가 들수록 건강에 유의해야 하는데, 건강의 비결은 학습을 통해 뇌에 활력을 불어넣는 것입니다.

정신과 의사 이시형 박사는 자신의 저서《공부하는 독종이 살아남는다》에서 "고령화 시대에 꼭 필요한 것은 평생 학습"이라고 강조하며 평생 학습을 통해 더욱 건강해질 수 있는 이유를 다음과 같이 설명합니다.

> 공부할수록 우리의 뇌는 활성화된다. 해마의 신경 세포가 증식되기 때문이다. 새로운 신경 세포는 노화를 방지하고, 젊음과 건강을 유지하게 한다. 공부하면 창의력이 함양된다. 이건 상식이다. 그리고 일을 보다 성공적으로 수행할 수 있다. 공부하면 주의 집중력, 기억력, 이해력이 좋아져서 궁극적으로는 업무 능률도 향상된다. 그리고 목적 달성에 따르는 성취감, 자부심, 긍지도 함께 온다. 열심히 공부해서 자격증을 취득하면 전천후 요격기가 되어 제2, 제3의 인생을 살 수 있다는 자신감도 생긴다.

엄밀한 의미에서 평생 학습은 하나님의 아이디어입니다. 교육을 아주 소중히 여기신 하나님은 종살이하던 이스라엘 백성이 학습을 통해 위대한 민족으로 성장할 수 있다고 자신하셨습니다. 이스라엘 백성들을 애굽에서 구원하시고, 그들에게 주신 것이 바로 신명기의 교육 헌장입니다.

> 이스라엘아 들으라 우리 하나님 여호와는 오직 유일한 여호와이

시니 너는 마음을 다하고 뜻을 다하고 힘을 다하여 네 하나님 여호와를 사랑하라 오늘 내가 네게 명하는 이 말씀을 너는 마음에 새기고 네 자녀에게 부지런히 가르치며 집에 앉았을 때에든지 길을 갈 때에든지 누워 있을 때에든지 일어날 때에든지 이 말씀을 강론할 것이며 너는 또 그것을 네 손목에 매어 기호를 삼으며 네 미간에 붙여 표로 삼고 또 네 집 문설주와 바깥 문에 기록할지니라 (신 6:4-9)

유대인들은 글을 배우기 시작하는 어린아이 때부터 임종에 이를 때까지 '쉐마'라고도 하는 이 교육 헌장을 하루에 두 번씩 암송합니다. 교육은 가치를 더해 주는 은총의 도구입니다. 사람은 교육을 통해 성장하고 성숙하며 변화됩니다.

하나님이 이스라엘 백성들에게 주신 교육 헌장을 자세히 읽어 보면 학습의 원리를 발견할 수 있습니다. 첫째는 하나님 사랑입니다. 사랑이 학습의 원리입니다. 둘째는 부모가 가정에서 자녀를 가르치는 것입니다. 셋째는 조기 성경 교육입니다. 일찍부터 성경을 자녀에게 가르치는 것입니다. 넷째는 반복에 있습니다. 그냥 반복하는 것이 아니라 창조적으로 반복하는 것입니다. 다섯째는 강론하는 것입니다. 이 강론하는 교육법을 '하브루타 교육법'이라고 합니다. 하브루타란 '서로 짝을 지어 질문하고, 대화하고, 토론하고, 논쟁하는 것'을 말합니다. 이 과정을 통해 깊은 깨달음, 다양한 관점과 시각과 해결책을 얻습니다.

준비 없이 미래를 맞이하는 것은 위험합니다. 교육은 희망
찬 미래를 준비하는 가장 좋은 길입니다. 평생 학습을 통해
밝고 복된 미래를 준비하시길 바랍니다. 배움에는 끝이 없
습니다. 훌륭한 스승은 가장 잘 배우는 사람입니다. 영어로
교장을 'principal'이라고 합니다. 그런데 마이크로소프트의
창업자 빌 게이츠(Bill Gates)가 펜실베이니아주 필라델피아
에 세운 미래학교(School of the Future)의 교장은 'principal'이 아
닌 'chief learner'로 소개되어 있습니다. '대표 학습자'를 의
미합니다. 교장은 누구보다도 더 잘 배우는 학습자임을 뜻
합니다.

저도 성도님들을 섬기는 목회자로서 가장 잘 배우는 사람이
되고 싶습니다. 배우는 사람은 지속적으로 성장함으로써 나
이에 상관없이 영원한 청춘으로 살아갈 수 있습니다.

반복은
탁월함에 이르는 길입니다

좋은 반복이 기적을 낳습니다. 제가 반복에 관심을 갖게 된 것은 말씀을 묵상하다가 '반복의 지혜'를 발견한 때부터입니다.

> 이 율법책을 네 입에서 떠나지 말게 하며 주야로 그것을 묵상하여 그 안에 기록된 대로 다 지켜 행하라 그리하면 네 길이 평탄하게 될 것이며 네가 형통하리라 (수 1:8)

말씀 묵상의 비밀은 반복에 있습니다. 하나님은 율법책, 곧 말씀이 입에서 떠나지 않도록 주야로 묵상하라고 명령하셨습니다. 주야로 묵상하기 위해서는 반복해야 합니다. 묵상에는 '반추'(反芻)의 의미도 담겨 있습니다. 반추란 소가 삼킨 먹이를 다시 게워 내어 씹는 되새김질을 말합니다. 어떤 말이나 일을 되풀이하여 음미하거나 생각한다는 뜻입니다. 반추의 비밀은 바로 반복에 있습니다.

하나님의 말씀을 주야로 묵상하면, 그 말씀이 먼저 머리에 새겨집니다. 암송한 말씀을 반복해서 더 깊이 묵상하면 머리에 새겨진 말씀이 가슴으로 내려옵니다. 그때 하나님의 말씀이 우리 마음 판에 새겨지게 됩니다. 마음 판에 새겨질 뿐만 아니라 마음 그릇에 하나님의 말씀이 차곡차곡 쌓이게 됩니다. 결국, 말씀이 우리 속에 풍성히 거하게 됩니다(골 3:16). 예수님은 우리가 "마음에 가득한 것을 입으로"(눅 6:45 하) 말한다고 말씀하십니다.

말씀 묵상은 형통을 낳습니다. 곧 말씀 묵상을 반복하고, 그 말씀을 지켜 행하게 되면 형통을 경험하게 된다는 뜻입니다. 그러므로 반복이 형통을 낳는다고 말할 수 있습니다. 말씀 묵상을 반복하기 위해서는 말씀 묵상이 즐거워야 합니다. 우리는 즐거워하는 것을 반복하고, 반복하는 것을 즐거워합니다. 즐거움과 반복은 연결되어 있습니다. 성경은 "복 있는 사람은 …오직 여호와의 율법을 즐거워하여 그의 율법을 주야로 묵상하는도다"(시 1:1~2)라고 말합니다. 반복 속에 담긴 즐거움은 하나님이 가르쳐 주시는 말씀 묵상의 비밀입니다.

하나님의 사랑의 비밀은 반복에 있습니다. 사랑하는 대상을 거듭 찾아오시기 때문입니다. 하나님은 이스라엘 백성을 선택하셨지만, 그들은 패역하여 하나님을 거듭 배신했습니다. 하지만 하나님은 반복해서 그들에게 선지자들을 보내셨고, 나중에는 독생자 예수님을 보내기까지 하셨습니다. 서울여대 장경철 교수는 자신의 저서 《이름보다 오래 기억되는 성품》에서 참된 사랑의 비밀은 횟수를 더해 가는 반복에 있다고 가르쳐 줍니다. 참된 사랑은 상대방의 반응과 상관없이 사랑의 횟수를 더해 간다는 것입니다. 또한 아름다운 성품도 횟수를 더해 가는 반복을 통해 형성된다고 가르쳐 줍니다. 반복은 참된 사랑의 비밀이며, 아름다운 성품을 형성하는 비밀입니다.

또한 반복은 탁월함에 이르는 길입니다. 위대한 인물들은 한결같이 반복의 소중함을 알았습니다. 탁월한 연주와 탁월한 작품은 모두 반복의 결과입니다. 위대한 작품이 한순간에 나오는 법은 없습니다. 절차탁마(切磋琢磨)의 과정을 거친 후에야 위대한 작품이 탄생합니다.

그러나 모든 반복이 좋은 것은 아닙니다. 나쁜 것의 반복은 나쁜 습관을 낳고, 나쁜 습관은 나쁜 성품을 낳고, 나쁜 성품은 나쁜 선택을 낳습니다. 인간은 죄의 본성 때문에 너무나도 자연스럽게 나쁜 것을 반복합니다. 그래서 나쁜 것에 쉽게 익숙해집니다. 그 결과는 비참합니다.

반면에 좋은 것의 반복은 우리 안에는 없는 비(非)본성, 즉 하나님의 성품을 형성하므로 처음에는 힘들지만, 그 결과는 아주 좋습니다. 영성 훈련이야말로 좋은 반복의 예입니다. 좋은 영성은 시야를 넓혀 줍니다. 좋은 것을 반복하면, 시야가 넓어지고, 깊은 통찰력과 깨달음을 경험하게 됩니다. 그러므로 우리는 좋은 것을 반복해야 합니다.

좋은 반복은 탁월한 스승 중 하나입니다. 작가 프랭크 티볼트(Frank Tibolt)는 "반복을 소홀히 한다면 당신은 최고의 스승을 무시하는 것이다"라고 말합니다. 성경에 나오는 기적들은 반복을 통해 나타납니다. 여리고 성벽은 7일 동안 13번 반복해서 도는 가운데 무너졌습니다(수 6:1-20). 엘리야가 무릎을 꿇고 7번 반복해서 기도했을 때 하늘에서 소낙비가 임했습니다(왕상 18:41-45). 나아만 장군의 나병은 요단강에 7번 반복해서 몸을 담갔을 때 깨끗하게 치료되었습니다(왕하 5:10-14).

좋은 반복을 통해 탁월함의 경지에 이르도록 하십시오. 좋은 반복을 통해 놀라운 기적을 경험하시길 빕니다.

반복이 평범함에서
비범함으로 이끕니다

우리는 많은 것을 배우지만, 그 배운 것이 내 존재의 한 부분이 되는 일은 흔치 않습니다. 배웠다고 배운 것이 아닙니다. 배운 것을 기억할 수 없다면, 배웠다고 할 수 없습니다. 배운 것을 표현할 수 없다면, 배웠다고 할 수 없습니다. 무엇을 배웠다면 그것을 언어로 표현할 수 있어야 합니다. 배운 것을 다른 사람과 나눌 수 있어야 합니다.

배움의 원리는 반복에 있습니다. 하나님이 이스라엘 백성들에게 주신 교육 헌장에 담긴 교육 원리가 바로 반복이었습니다. 반복을 통해 좋은 결과를 얻으려면 먼저 집중해야 합니다. 그냥 반복하는 것과 집중해서 반복하는 것은 다릅니다. 집중해서 반복하다 보면, 어느 순간 몰입의 경지에 이르게 됩니다. 그 경지에 다다르면, 즐거움을 경험하게 됩니다. 마치 음식을 오래 씹어 먹을 때 참맛을 경험하는 것과도 같습니다. 그와 같이 반복하다 보면, 어느 순간 즐거움을 경험하게 됩니다.

물론, 모든 반복이 즐거운 것은 아닙니다. 반복의 장애물은 게으름과 조급함과 지루함입니다. 게으름은 조급함을 낳고, 조급함은 지루함을 낳습니다. 반복을 통해 기적을 경험하기 위해서는 특별히 지루함을 정복해야 합니다. 반복의 중요성을 충분히 자각하지 못한 탓에 지루함을 느끼는 것입니다. 또한 아무리 반복해도 어떤 결과가 나타나지 않을 때도 지루할 수 있습니다. 지루함의 과정을 잘 통과해야만 반복의 열매를 맛볼 수 있습니다.

반복하다 보면, 반전이 일어납니다. 반복해서 말씀을 암송하고 묵상하다 보면 어느 순간에 깨달음이 임합니다. "아하!"라는 탄성과 함께 깨달음의 즐거움을 맛보게 됩니다. 또한 반복해서 암송하는 말씀을 삶 속에 적용하고 실천하다 보면, 놀라운 결과를 경험하게 됩니다. 어느새 삶의 차원이 달라져 있는 것을 보게 됩니다. 평범함에서 비범함에 이르는 순간을 경험하는 것입니다.

탁월한 화가는 어떤 경지에 이르기까지 수없이 반복해서 그림을 그립니다. 반 고흐(Van Gogh)의 그림들이 명작이 된 것은 수많은 습작의 결과입니다. 탁월한 연주가도 반복적인 연습을 통해 득음의 경지에 이르게 됩니다. 탁월한 운동선수도 마찬가지입니다. 김연아 선수는 "동작 하나를 익히기 위해 1만 번을 연습"했다고 합니다.

반복할 때, 주의할 것은 반복하는 과정 내내 끊임없이 점검해야 한다는 것입니다. 잘못된 자세, 잘못된 기술, 잘못된 방법, 그리고 잘못된 내용을 가지고 반복한다면, 좋은 결과를 낼 수 없기 때문입니다. 그런 까닭에 반복에는 피드백의 과정이 필요합니다. 좋은 결과가 나올 수 있도록 조금씩 수정하면서 반복해야 한다는 뜻입니다. 이때 필요한 것이 코치입니다. 좋은 코치를 통해 자신이 반복하고 있는 일에 대한 점검을 받는 것이 좋습니다.

지혜로운 사람은 반복하되 단순히 반복하지 않습니다. 좋은 결과가 나오도록 반복합니다. 아인슈타인(Einstein)은 "똑같은 행동을 반복하면서 다른 결과를 기대하는 것은 미친 짓이다"라고 말했습니다. 지금 살아가는 방식으로 좋은 결과가 나오지 않고 있다면, 조금 다르게 시도해 보아야 합니다. 좋은 코치에게서 피드백을 받아 조금씩 수정하며 반복해야 합니다. 저는 이런 방식의 반복을 가리켜 '창조적 반복'이라고 부릅니다.

반복은 배움과 가르침의 원리입니다. 탁월함에 이르는 원리입니다. 통달에 이르는 원리입니다. 자신의 재능과 은사에 맞는 일을 반복하여 훈련하십시오. 그러다 보면, 다른 것으로는 충족될 수 없는 황홀한 몰입감을 느낄 수 있을 것입니다.

창조적 반복을 통해 풍성한 열매를 맺으시길 빕니다. 형통의 삶을 사시길 빕니다.

삶의 비밀은
작은 것에 담겨 있습니다

새해가 되면 누구나 새로운 목표를 세우고 새롭게 도전합니다. 어떤 종류의 새로운 목표를 설정할 것인지에 대해서는 사람마다 다를 수 있습니다. 새로운 목표는 자신이 하는 일과 밀접한 관계가 있습니다. 하나님이 각자에게 주신 독특한 사명과 관련이 있습니다. 또한 독특한 사명은 하나님이 각자에게 주신 재능과 은사와 관련되어 있습니다.

목표를 설정하는 것은 아주 중요합니다. 우리 인간은 목표 지향적일 때 가장 큰 힘을 발휘하도록 지어졌습니다. 목표는 우리를 움직이는 거대한 에너지요 우리 내면의 타오르는 불꽃입니다. 목표는 우리 삶의 방향입니다. 나아가 삶의 이유가 되기도 합니다. 목표가 없는 사람은 목적지 없이 표류(漂流)하는 배와 같습니다. 목표가 없는 삶은 산만합니다.

목표는 구체적이고, 명확할수록 좋습니다. 정확한 목표는 정확한 방향을 설정하도록 돕습니다. 목표는 우리 시각의 초점을 맞추도록 돕습니다. 목표는 우리 에너지를 집중하도록 돕습니다. 우리는 목표를 설정하고, 성취해 가는 지혜를 배워야 합니다.

무엇보다 목표는 실현 가능해야 합니다. 목표를 너무 크게 설정하면, 지레 압도당하게 됩니다. 심지어 거대한 목표로 인해 두려움에 휩싸이게 됩니다. 그렇게 되면 첫걸음도 떼지 못한 채 포기해 버리고 마는 오류를 범하게 됩니다. 그런 까닭에 목표를 세울 때는 너무 쉽지는 않지만, 어느 정도 실현이 가능한 목표를 세우는 것이 지혜입니다.

60대 영주권자가 미국 대통령이 되겠다는 목표를 세운다면, 어리석은 것입니다. 실현 불가능한 목표이기 때문입니다. 그러나 한 영혼을 천하보다 귀히 여기는 선한 목자가 되겠다는 목표를 세우는 것은 좋은 목표입니다. 사람을 키워 그리스도의 제자로 삼고, 그 제자가 또 다른 제자를 낳을 수 있게 하겠다는 것은 실현 가능한 목표입니다. 교회가 성장함에 따라 또 다른 교회를 개척하도록 돕는 것도 실현 가능한 목표입니다.

목표를 세울 때는 가치 있고 의미 있는 목표를 세워야 합니다. 하나님은 우리를 선한 일을 하는 선한 백성으로 세우셨습니다. 우리는 가치 있는 일을 할 때, 깊은 행복감을 느낍니다. 의미 있는 일을 할 때, 깊은 보람을 느낍니다. 또한 목표를 세울 때는 측정이 가능해야 합니다. 자신이 세운 목표가 어느 정도 이루어지고 있는지 측정할 수 있어야 좋은 목표입니다.

목표를 세울 때는 꼭 글로 쓰는 훈련을 하십시오. 목표를 글로 써야 더욱 구체화되고, 선명해집니다. 그리고 기록한 목표를 자주 읽으면서 기도하십시오. 기도하는 중에 목표를 달성할 수 있는 계획을 세우십시오. 계획을 세운 후에는 그것을 따라 실천할 수 있는 전략을 세우십시오. 가장 좋은 전략은 아주 작게 시작하는 것입니다. 거대한 목표도 처음에는 작게 시작함으로 성취됩니다. 중국의 현인 노자(老子)는 "천 리 길을 걷는 것도 반드시 한 걸음을 떼는 것에서 시작된다"라고 말했습니다.

하나님은 작은 것 안에 위대한 성취의 비밀을 담아 두셨습니다. 풍성한 열매를 맺는 비밀을 담아 두셨습니다. 예수님은 천국을 가장 작은 씨의 하나인 겨자씨에 비유하셨습니다(마 13:31). 또 예수님은 적은 일에 충성한 자를 칭찬하시며 그에게 더 많은 것을 맡기시는 분입니다(마 25:21).

제 삶의 비밀 또한 작은 것에 담겨 있습니다. 하나님은 제게 크고 작은 목표를 성취할 수 있는 은혜를 베풀어 주셨습니다. 그 비결은 어떤 목표이든지 작게 나누어 실행에 옮기는 것입니다. 제가 작은 것을 소중히 여기는 까닭은 작은 것에 무한한 잠재력이 담겨 있음을 알기 때문입니다. 그런 까닭에 날마다 씨앗을 심는 마음으로 적은 일에 충성하려고 노력하고 있습니다. 저는 작은 반복의 힘을 깨닫게 해 주신 하나님께 늘 감사하며 살고 있습니다.

우리는 큰 목표를 달성하기까지 행복이나 즐거움을 보류하는 오류를 범하지 않도록 해야 합니다, 우선 작은 목표를 세우고, 그 목표가 달성될 때마다 즐거워하십시오. 작은 성공이 쌓여 큰 성공을 이룹니다. 경제적인 안정을 원한다면, 푼돈부터 저축하기 시작하십시오. 동전에 담긴 미래를 보십시오. 마더 테레사는 자기 손에 있던 동전 3개로 수많은 가난한 어린이를 돌보는 고아원이 건립되는 것을 보았습니다.

돈은 인격체와 같아서 자신을 소중히 여기는 사람에게 머무는 경향이 있습니다. 돈을 우상화하라는 이야기가 아닙니다. 돈을 하나님보다 더 사랑하라는 이야기도 아닙니다. 무엇이든 그 가치를 아는 것이 중요하다는 뜻입니다. 선교지에서는 항생제 몇 알이 죽어 가는 아이를 살릴 수 있습니다.

아주 작은 반복의 지혜를 가슴에 품고, 작은 목표를 달성하는 중에 큰 목표를 달성하는 기쁨을 누리시길 빕니다.

천천히 그리고 꾸준히
정진하십시오

자연은 결코 서두르는 법이 없습니다. 서두른다고 봄이 일찍 찾아오지 않습니다. 서두른다고 오던 비가 멈추는 것도 아닙니다. 그러니 절대 서두르지 마십시오. 스위스의 등반 안내자가 젊은 등산객들에게 가장 먼저 하는 조언이면서 몇 번이고 반복하는 조언은 "천천히 그리고 꾸준히" 걸으라는 것입니다. 지나치게 빨리 걸으려고도 하지 말고, 지나치게 쉬지도 말라는 뜻입니다.

우리가 경험하는 것처럼 이따금 휴식이 필요합니다. 힘이 센 황소도 가끔은 쉬어야 합니다. 휴식은 재충전의 시간이요, 우리가 걸어온 길, 우리가 성취한 일을 돌아보는 시간입니다. 앞으로 나아가기 위해 다시 힘을 모으는 시간입니다. 쉬었으면, 다시 일어나 걸어야 하고 가끔은 달리기도 해야 합니다. 가장 중요한 것은 천천히 그리고 꾸준히 정진하는 것입니다.

위대한 성취의 비결은 절대 서두르지 않고 절대 게으름을 피우지도 않는 것입니다. 흔히들 서두르면, 시간을 절약한다고 생각합니다. 그러나 서두른다고 시간을 절약하는 것이 아닙니다. 급하게 허둥댄다고 해서 무엇인가를 성취하는 것이 아닙니다. 일을 성취하려면 계획을 잘 세워야 합니다. 그리고 집중할 줄 알아야 합니다. 일을 하나라도 제대로 끝내는 지혜가 있어야 합니다. 서둘러 많은 일을 시도하기보다는 한두 가지라도 집중해서 일을 완수하는 것이 더욱 중요합니다. 일을 제대로 끝내는 것이 빨리 끝내는 것보다 훨씬 중요합니다.

큰 고기를 잡기 위해서는 기다릴 줄 알아야 합니다. 작은 고기는 입질을 자주 하지만 큰 고기는 입질을 자주 하지 않습니다. 큰 고기를 잡기 위해서는 오래 기다려야 합니다. 또한 기회가 왔을 때 끝마무리를 잘할 줄 알아야 합니다. 큰 고기가 입질한다고 해도 쉽게 잡히지는 않습니다. 쉽게 잡을 수 있는 고기라면 큰 고기가 아닙니다. 하나님이 맡기신 큰일을 감당한 사람들의 특징은 기다릴 줄 알았다는 것입니다. 그들은 기다리면서 기도하고, 기다리면서 준비했습니다. 그들은 성실했습니다. 천천히 그렇지만 꾸준히 걸었습니다. 정상을 향해 한 걸음 한 걸음 전진했습니다. 그러는 중에 어느새 정상에 도착했습니다. 그리고 섬겼습니다.

우리가 주목해야 할 사람은 무슨 일이든 빨리하는 사람이 아닙니다. 너무 빠른 사람은 위험한 사람입니다. 왜냐하면 하나님보다 앞설 수 있기 때문입니다. 기도보다 앞설 수 있기 때문입니다. 너무 빠르면 보지 못합니다. 듣지 못합니다. 우리 영혼은 너무 빠른 속도 앞에 불안해합니다. 영혼의 평화를 위해 속도를 조금 늦출 필요가 있습니다. 우리가 주목해야 할 사람은 성실한 사람입니다. 근면한 사람입니다. 셰익스피어(Shakespeare)는 "근면이 명예를 빛나게 한다"라고 말했습니다. 평범하지만 근면한 사람이 게으른 천재를 앞지릅니다. 우리가 주목해야 할 사람은 한 가지 일을 하더라도 올바로 하는 사람, 뒷마무리를 잘하는 사람입니다. 무슨 일이든 꾸준히 하는 사람 앞에 아름다운 미래가 기다리고 있습니다.

어떤 분야에서든지 대가가 되기 위해서는 1만 시간을 투자해야 한다는 통계 결과가 있습니다. 한 분야에 통달하기 위해서는 10년을 꾸준히 헌신해야 합니다. 단시간에 승부를 거는 마음은 아주 위험합니다. 인생은 도박이 아닙니다. 인생은 씨를 심고 거두는 것이요, 장거리 경주를 하는 것과 같습니다.

괴테의 좌우명은 "서두르지 말고 일하고, 꾸준히 일하라"였습니다. 괴테의 말에 귀를 기울여 보십시오.

서두르지 말라. 생각 없는 행동이 정신의 속도를 영원히 망치지 않게 하라. 신중하게 생각하고 정확하게 판단하라. 그러고 나서 무엇을 할지 결정하라. 서두르지 말라. 세월은 무모한 행동이 저지른 일을 보상해 주지 못한다.

열심히 일하되 서두르지 마십시오. 중요한 것은 천천히 꾸준히 걸어가는 것입니다. 다니엘에게서 배우십시오. 그는 하루에 세 번씩 무릎을 꿇고 기도했습니다. 그는 천천히 꾸준히 무릎으로 전진했습니다. 하나님보다 앞서지 않았습니다. 기도보다 앞서지 않았습니다. 또한 일상의 삶에 성실했습니다.

하나님은 성공적인 사람보다 성실한 사람을 찾으십니다. 왜냐하면 성실 속에 진정한 성공이 담겨 있기 때문입니다. 우리 함께 천천히 그리고 꾸준히 정진합시다.

4장

아름다운 꽃은
상처와 함께 피어납니다

아픔은 살아 있음의 증거입니다

얼마 전에 읽은 책에서 "나이가 든 어른이 아침에 일어나 아픈 곳이 하나도 없다면, 그는 죽은 것이다"라는 문장을 읽고 "아하! 그렇지" 하고 무릎을 쳤습니다. 나이가 들어 가면서 여기저기 아픈 곳들이 늘어 갑니다. 물론, 나이가 들어도 건강한 사람들이 있지만, 완벽하게 건강한 몸으로 살아가는 사람은 없습니다.

어떻게 보면, 사람이 아픈 것은 당연한 일입니다. 아프니까 사람입니다. 아픈 것이 좋다는 뜻이 아닙니다. 아픔을 그저 아프게 받아들일 뿐입니다. 아픈 곳을 고치며 살아야 합니다. 아프다고 영원히 아파야 하는 것은 아님을 기억해야 합니다. 소낙비처럼, 폭풍우처럼 아픔은 어느 시점에서 멈추게 됩니다. 어느 날, 이 세상을 떠나 천국에 들어가게 되면, 고통은 영원히 사라지게 될 것입니다.

인생은 예측할 수가 없습니다. 일이 원하는 대로 풀리지 않거나 예상치 못한 일이 벌어지기도 합니다. 그래서 당황해합니다. 왜 이런 일이 일어난 것인지 고심하게 됩니다. 고심해도 이해가 안 될 때가 많습니다. 하나님께 여쭈어보아도 거의 침묵하십니다.

그런데 성경은 하나님이 고난을 통해 놀라운 일을 이루신 모습을 기록하고 있습니다. 성경을 통해 우리는 고난의 신비를 조금이나마 깨달을 수 있습니다. 제가 성경을 통해 깨달은 고난의 신비에 대해 나누고 싶습니다.

첫째, 하나님은 고난을 통해 우리를 우리가 성장할 수 있는 곳으로 데려가십니다. 요셉은 형제들에게 팔려 애굽에 종으로 끌려갔습니다. 그가 원해서 간 것이 아닙니다. 그를 애굽으로 데려간 것은 고난입니다. 그런데 그의 고난은 애굽에서도 계속되었습니다. 급기야 보디발의 아내 때문에 억울하게 누명을 쓰고 감옥에 들어가 2년간 갇혀 있기까지 했습니다. 그러나 바로 그곳에서 그는 놀랍게 성장했습니다. 요셉은 감옥에서 술 맡은 관원장을 성심껏 섬긴 덕분에 나중에는 애굽의 국무총리 자리에까지 올라가게 되었습니다. 고난이 없었다면, 요셉은 아버지의 사랑을 받으며 가나안 땅에서 평범하게 살다가 죽었을 것입니다.

둘째, 하나님은 어둠 속에서 우리를 키우십니다. 어둠 속에서 우리를 변화시키십니다. 어둠 속에서만 배우는 노래가 있습니다. 류시화 시인은 "어둠 속에서 노래하는 새는 빛이 없을 때도 노래를 배웠다"라는 시구를 썼습니다. 어둠 속에만 깨닫는 진리가 있습니다. 어둠 속에서만 자라나는 생명이 있습니다. 요셉은 형제들에 의해 던져진 구덩이 속에서 어둠을 처음 경험했습니다. 그 경험은 나중에 깊은 감옥의 어둠을 견디는 준비가 되었습니다. 청년 요셉은 고난과 감옥을 통해 훌륭한 성품과 실력을 겸비한 하나님의 사람으로 성장합니다.

하나님은 우리 인격의 변화를 위해 시련과 역경을 사용하십니다. 국제 선교 지도자 훈련 전문가 스콧 숌(Scott Shaum)은 "하나님은, 고통이 아니면 우리가 결코 갈 수 없는 곳으로 우리를 데려가시려고 고통을 사용하신다"라고 말합니다. 하나님은 고통을 통해 요셉을 그가 결코 갈 수 없는 곳으로 가도록 만드셨습니다.

셋째, 하나님은 고난을 통해 사람을 품는 그릇을 키워 주십니다. 모든 고난이 마음 그릇을 키워주는 것은 아닙니다. 어떤 사람은 고난 때문에 무너집니다. 고통 때문에 망가집니다. 어떤 사람은 고난 때문에 사람을 불신하게 되고, 회피합니다. 사람에 대한 피해의식이 커져서 스스로 고립되어 살아가기도 합니다.

반면에 어떤 사람은 고난을 통해 사람을 품는 그릇이 커집니다. 고난을 수용하고, 고통을 품는 사람이 됩니다. 고난을 긍정적으로 해석하고, 고난에 적극적으로 반응합니다. 고난을 통해 다양한 사람들을 이해하고, 그들을 마음에 품게 됩니다. 원수까지도 사랑하고, 심지어 스승으로 삼을 줄 알게 됩니다. 소년 요셉은 형제들의 허물을 아버지께 고자질하던 사람이었습니다. 그랬던 그가 고난을 통해 성장하고 나서는 형제들의 죄와 허물을 용서하는 사람이 되었습니다. 형제들을 용서하고, 축복할 뿐만 아니라 그들의 자녀들을 양육해 주기까지 했습니다.

넷째, 하나님은 고난을 통해 놀라운 지혜를 가르쳐 주십니다. 배부르고 아무 근심 걱정이 없을 때, 우리의 지성과 감각은 무뎌집니다. 반면에 고난과 고통의 때에 우리 지성은 각성하고, 감각이 예민해집니다. 고난은 우리를 지혜의 사람으로 만들어 줍니다. 미국의 소설가 앤 라모트(Anne Lamott)는 "고통은 언제나 지혜와 동반한다"라고 말합니다. 깊은 지혜는 고난과 역경과 시련을 통해 임합니다.

고난을 통해 배우는 깊은 지혜는 유연함의 중요성을 알아야 한다는 것입니다. 유연함은 부드러움입니다. 딱딱하면 부러집니다. 부드러운 것이 오래갑니다. 유연함은 적응력입니다. 적응력이란 바꿀 수 없는 것을 인정하고, 바꿀 수 있는 것을 바꾸는 것입니다. 환경을 바꿀 수 없다면, 환경을 바라보는 관점을 바꿔야 합니다. 사람을 바꿀 수 없다면, 그 사람을 바라보는 관점을 바꿔야 합니다. 그를 향한 마음의 태도를 바꾸어야 합니다.

저는 종종 고난에 관한 글을 쓰지만, 고난을 즐기는 사람은 아닙니다. 억지로 고난을 선택할 필요는 없습니다. 삶이 곧 고난이기 때문입니다. 피할 수 있으면, 고통을 피하십시오. 하지만 피할 수 없는 고난이라면 선용하십시오. 반갑지 않은 손님처럼 찾아온 고난을 더욱 깊어지고, 더욱 무르익는 성장의 도구로 사용하십시오. 하나님의 큰 도우심이 고난 중에 있는 성도님들 위에 함께하시길 빕니다.

고통이 없으면
영광도 없습니다

사람은 고통을 이겨 낼 때 성장합니다. "아이들은 아프고 나면, 부쩍 성장한다"라는 어른들의 말씀을 들으면서 자랐습니다. 두 딸을 키워 보니 어른들의 말씀이 사실임을 깨닫습니다. 부모에게는 자녀를 향한 어리석은 바람이 있습니다. 바로 고통 없이 살아가는 것입니다. 아무 문제 없이 행복하게 사는 것입니다. 하지만 인생은 그렇게 만만하지 않습니다. 그러나 다행히도 아이들은 한번 아프고 나면 면역력이 생깁니다. 고통을 견뎌 내면서 담대해집니다. 고통을 견디는 근육이 더욱 단단해지는 것입니다.

인생에서 고통을 피할 수는 없습니다. 고통의 크기는 다를지라도 우리는 날마다 어느 정도의 고통과 더불어 살아가야 합니다. 나이가 들면, 아침마다 나를 제일 먼저 찾아오는 것이 고통입니다. 피할 수 없는 고통이라면, 고통과 사이좋게 지내야 합니다. 고통은 거부할수록 더욱 강하게 다가오기 때문입니다.

물론, 무모한 고통은 피해야 합니다. 머리가 아프고 몸살이 심하면, 진통제를 복용해야 합니다. 그러나 고통 중에는 우리가 대면해야 할 고통도 있습니다. 한동안은 견뎌야만 하는 고통도 있습니다. 피해야 할 고통이 아니라 직면해야만 하는 고통이 있습니다. 고통으로부터 도피하려고 하면 더 큰 문제가 생깁니다. 사람은 문제를 겪으면서 성장합니다. 스캇 펙은 자신의 저서 《아직도 가야 할 길》에서 "영적이고 정신적인 성장은 오직 문제들을 통해서만 가능하다. 우리가 정신적 성장을 자극하려면, 문제를 해결할 수 있는 역량과 도전적인 태도를 격려해야 한다"라고 말했습니다.

한 생명을 잉태하고 출산하기 위해서 겪는 고통은 마땅히 감내해야 할 고통입니다. 그런 고통은 성스러운 고통입니다. 장차 출산 후에 경험하게 될 즐거움을 기대하면서 참아 내는 고통입니다. 인생의 많은 문제는 마땅히 겪어야 할 고통을 회피하거나 그 고통으로부터 도피할 때 증폭됩니다.

스위스의 정신의학자 카를 융(Carl Jung)은 "노이로제란 항상 마땅히 겪어야 할 고통을 회피하려는 바꿔치기"라고 말했습니다. 노이로제는 심리학 및 정신의학에서 사용하는 용어입니다. 주로 불안, 두려움, 강박, 우울, 신체적 증상 등의 정서적 또는 심리적 문제를 겪는 상태를 의미합니다. 고통을 회피하는 것은 해결책이 될 수 없습니다. 고통에 직면하여 극복해야 합니다.

어떻게 하면 고통을 잘 이겨 내고, 성장할 수 있을까요?

첫째, 고통을 스승으로 여길 때, 고통을 잘 이겨 낼 수 있습니다. 미국 건국의 아버지 벤저민 프랭클린(Benjamin Franklin)은 "고통은 가르침을 준다"라고 말했습니다. 고난은 우리를 깨뜨립니다. 신비롭게도 사람은 깨어짐을 통해 깨달음을 얻습니다. 깊은 깨어짐은 깊은 깨달음을 낳습니다. 헬렌 켈러(Helen Keller)는 "고통 속에서 얻은 깨달음은 가장 깊고 영원하다"라고 말했습니다. 또 간디(Gandhi)는 "고통은 우리를 더 깊이 생각하게 하고, 더 넓은 시야를 갖게 한다"라고 말했습니다.

저 자신이 고통을 통해 깊은 깨달음을 얻은 경험이 있습니다. 그때 깊이 사고하는 훈련을 하였습니다. 때때로 고통으로부터 도망가지 않고, 고통을 조용히 응시하며 고통이 주는 지혜를 선물로 받곤 했습니다.

성경은 여러 가지 고통과 시험이 찾아올 때, 오히려 기쁘게 여기라고 말합니다.

> 내 형제들아 너희가 여러 가지 시험을 당하거든 온전히 기쁘게 여기라 이는 너희 믿음의 시련이 인내를 만들어 내는 줄 너희가 앎이라 인내를 온전히 이루라 이는 너희로 온전하고 구비하여 조금도 부족함이 없게 하려 함이라 (약 1:2-4)

시련을 기쁘게 여기기 위해서는 깊이 사고하는 훈련을 해야 합니다. 깊이 사고하는 훈련이란 시련 속에 감춰진 보화를 찾아내는 훈련입니다. 고통에는 뜻이 있으며, 고통을 통해 성장한다는 태도를 배양하는 것입니다.

둘째, 오히려 환대함으로써 고통을 이겨 낼 수 있습니다. 고통을 환대하는 기술은 사랑의 기술입니다. 성숙한 사랑이란 상대방의 고통을 끌어안는 것입니다. 고통을 사랑하라는 말씀은 자학을 통해 나쁜 쾌락을 추구하라는 뜻이 아닙니다. 고통을 사랑한다는 것은 고통을 주는 문제를 흔쾌히 받아들인다는 것입니다. 고통을 성숙의 기회로 삼는 것입니다.

성경에 나타난 모든 기적은 문제를 통해 임했습니다. 너무 당연한 진리이지만, 반복해서 말할 수밖에 없습니다. "문제가 없으면, 기적도 없습니다." 하나님은 문제를 통해 기적을 행하십니다. 우리가 문제를 환영하면, 문제가 오히려 당황합니다. 그래서 결국 기적을 선물하고 떠나 버립니다. 고통이 없으면 영광이 없고, 고통이 없으면 위대한 성취도 없습니다.

하나님은 고통을 통해 놀라운 일을 이루십니다. 바로 그 일을 이루신 곳이 바로 십자가 위입니다. 하나님은 예수님의 고통을 통해 우리를 구원하셨습니다. 우리 죄를 용서하셨습니다. 우리 상처를 치유하셨습니다. 예수님은 십자가의 고난을 영광으로 여기셨습니다. "예수께서 대답하여 이르시되

인자가 영광을 얻을 때가 왔도다"(요 12:23). 고통을 통해 우리를 구원하신 예수님이 고통 중에 있는 성도들을 위로하십니다. 부디 고통을 이겨 냄으로써 더욱 성장하십시오. 고통을 스승으로 삼으십시오. 고통을 잘 이겨 내고, 영화에 이르도록 하십시오.

아름다운 꽃은
상처와 함께 피어납니다

인간은 연약합니다. 그래서 쉽게 상처받습니다. 인생의 상처는 다양한 모습으로 다가옵니다. 배신, 상실, 실패의 상처가 있습니다. 학대와 언어폭력으로 인한 상처가 있습니다. 죄책감과 후회의 상처, 잘못된 선택으로 인한 상처가 있습니다. 상처는 아픔의 흔적을 남깁니다. 몸과 마음이 지칠 때, 상처받으면 더 아픕니다. 실패와 상실의 때에 상처받으면 더 고통스럽습니다. 피곤할 때는 작은 상처에도 쉽게 무너집니다.

무엇보다 상처는 대개 가장 가까운 사람에게서 받게 됩니다. 칼로 찌르려면 가까이 다가가야 하듯, 관계의 가까움은 위로가 되기도 하지만, 동시에 상처가 되기도 합니다. 사랑한다는 것은 상처를 주고받는 일입니다. 관계 맺음은 어려운 일이고, 때로는 아픈 사랑을 시작하는 일이기도 합니다.

우리는 상처를 받기만 하는 것이 아니라, 알게 모르게 주기도 합니다. 상처로부터 완전히 자유로운 사람은 없습니다. 상처가 없는 곳은 무덤뿐입니다. 죽은 자는 더 이상 상처를 받지 않습니다. 그렇기에 사도 바울은 "나는 날마다 죽노라"(고전 15:31)라고 고백했습니다. 자아를 내려놓을 때, 비로소 상처받음에서 초월할 수 있습니다. 저는 나이가 들수록 가능한 상처를 덜 주고받으며 목회하려고 애쓰지만, 늘 그렇게 되는 것은 아닙니다. 그래서 날마다 무릎을 꿇습니다. 마음의 정원을 가꾸듯 기도의 자리에서 제 영혼을 돌보고 있습니다.

상처의 신비는, 상처가 오히려 생애를 더 아름답게 가꿔 갈 수 있다는 데 있습니다. 상처를 바르게 치유하면, 성숙으로 나아갈 수 있습니다. 깊은 상처가 깊은 성숙을 만들어 냅니다. 상처의 경험은 공감 능력을 길러 주고, 상처 입은 이들과 함께 울 수 있는 마음을 열어 줍니다. 상처를 통해 인생을 더 깊이 이해하고, 사람을 품는 품이 더 넓어질 수 있습니다.

가장 깊은 상처가 가장 깊은 힘이 될 수 있는 이유는, 깊은 상처 위에 그리스도의 능력이 임하기 때문입니다. 바울은 육체의 가시라는 고통을 안고 살았으나, 그 연약함 위에 그리스도의 능력이 머물렀습니다. "내 은혜가 네게 족하도다 이는 내 능력이 약한 데서 온전하여짐이라"(고후 12:9). 그래서 바울은 고백합니다. "내가 약한 그때에 강함이라"(고후 12:10).

열린 상처 위에 하나님의 은혜가 임합니다. 성령님의 능력이 임합니다. 치유의 빛이 임합니다. 마음과 낙하산은 열리지 않으면 위험합니다. 상처받은 경험 때문에 마음을 닫고 살아서는 안 됩니다. 상처를 두려워하여 마음을 닫으면, 좋은 것도 들어오지 못합니다. 닫힌 그릇에는 아무것도 담을 수 없습니다.

상처는 또한 깨어짐입니다. 곡식이 으깨져 고운 가루가 될 때 소제로 드려지고, 장미가 새벽이슬 아래 짓이겨질 때 가장 귀한 향유가 만들어집니다. 상처를 가꾸면, 향기가 됩니다. 하나님은 완고한 자가 아니라, 상처로 부드러워진 사람, 깨어진 사람을 존귀하게 사용하십니다. 성경 속의 인물들을 보십시오. 그들 모두는 상처 입은 자들이었고, 깨어짐을 경험한 사람들이었습니다.

상처를 잘 가꾸면, 성장의 기회로 삼을 수 있습니다. 상처는 공감과 연민을 키우고, 삶의 목적과 사명을 발견하게 합니다. 상처는 믿음을 키우며 영성을 깊게 만듭니다.

그렇다면 어떻게 해야 깊은 상처를 깊은 힘으로 바꿀 수 있을까요?

첫째, 상처를 인정하십시오. 상처를 인식하는 순간, 치유가 시작됩니다. 억누르거나 부정하면 더 깊은 상처가 남습니다. 상처를 환대할 때, 상처는 더 이상 적이 아니게 되고, 친구가 됩니다.

둘째, 상처를 통해 배우십시오. 상처를 스승으로 삼으십시오. 저는 성공보다 실패에서 배웠습니다. 저는 안락함보다 시련을 통해 더 많이 배웠습니다. 상처와 연약함을 통해 많은 것을 배웠습니다. 삶의 깊이를 더할 수 있었습니다.

셋째, 상처를 다른 사람들을 섬기는 데 사용하십시오. 상처 입은 치유자가 되십시오. 상처가 상처를 치유합니다. 같은 상처를 경험한 사람만이 그 아픔을 깊이 위로할 수 있습니다. 그래서 상처가 사명이 될 수 있습니다. 저 역시 이민 목회의 실패를 통해, 실패의 고통 속에 있는 목회자들을 위로하는 사역을 하고 있습니다.

넷째, 상처를 준 사람을 용서하십시오. 용서는 우리를 자유케 합니다. 용서는 상처를 진주로 바꾸는 힘입니다. 사랑하지 못하더라도 먼저 용서하십시오. 그 순간, 우리는 미움과 복수의 감옥에서 벗어납니다. 용서 없는 사랑은 오래가지 못합니다. 사랑을 지속하게 하는 힘은 용서입니다. 용서는 사랑을 소생시키는 산소입니다.

다섯째, 상처를 하나님께 맡기십시오. 상처가 끝이 아닙니다. 인간은 연약하지만, 생각보다 질깁니다. 인생은 상처로 무너지지 않습니다. 오히려 그 상처가 새로운 길을 열어 줍니다.

상처를 무조건 미화하려는 것이 아닙니다. 그러나 세상만사에는 양면성이 있습니다. 김정호 시인은 시를 통해 "세상에 상처 아닌 꽃이 없습니다"라고 말했습니다. 아름다운 꽃은 상처와 함께 피어납니다. 예수님도 십자가에서 깊은 상처를 받으셨습니다. 그러나 바로 그 상처 위에 부활의 능력이 임했습니다. 주님의 상처에서 흘러나온 보혈과 생수 덕분에 우리가 용서와 영생을 얻었습니다. 가장 깊은 상처를 통해 가장 깊은 능력을 경험하시길 기도합니다.

모든 위대함은
작은 것에서 시작됩니다

퇴보하는 사람이 있는가 하면, 진보하는 사람이 있습니다. 퇴보(退步)란 뒤로 물러가는 것입니다. 이전의 상태보다 수준이 뒤떨어지는 것을 의미합니다. 잠언은 "어리석은 자의 퇴보는 자기를 죽이며 미련한 자의 안일은 자기를 멸망시키려니와"(잠 1:32)라고 말합니다. 반면에 진보(進步)란 정도나 수준이 나아지거나 높아지는 것을 의미합니다. 진보란 좋은 쪽으로 변화하고 발전하는 것입니다. 퇴보하지 않고, 진보하는 삶을 살기 위해서는 작은 것을 소중히 여길 줄 알아야합니다.

바울은 영의 아들 디모데에게 "이 모든 일에 전심전력하여 너의 진보를 모든 사람에게 나타나게 하라"(딤전 4:15, 개역한글)라고 권면했습니다. 또 그 자신이 당한 어려움이 복음의 진보가 되었다고 말합니다. "형제들아 나의 당한 일이 도리어 복음의 진보가 된 줄을 너희가 알기를 원하노라"(빌 1:12, 개역한글). 그는 빌립보 성도들의 믿음이 진보한 것을 알고 기뻐했습니다. "내가 살 것과 너희 믿음의 진보와 기쁨을 위하여"(빌 1:25상, 개역한글).

하나님은 우리가 진보하고 발전하기를 원하십니다. 퇴보하는 것을 싫어하십니다. 히브리 민족은 출애굽에 성공한 후에 광야를 떠돌게 되자 애굽으로 돌아가기를 원했습니다. 출애굽 1세대는 퇴보를 원했습니다. 하나님은 그들이 뒤로 물러서는 것을 싫어하셨습니다. 하나님은 그들이 애굽을 뒤로하고 가나안 땅으로 전진하길 원하셨습니다. 하지만 그들은 퇴보를 원했습니다. 그 결과, 여호수아와 갈렙을 제외한 출애굽 1세대는 모두 광야에서 죽고 말았습니다.

믿음으로 의롭게 된 우리는 계속해서 전진하는 삶을 살아야 합니다. "나의 의인은 믿음으로 말미암아 살리라 또한 뒤로 물러가면 내 마음이 그를 기뻐하지 아니하리라 하셨느니라"(히 10:38). 믿음을 가진 사람은 뒤로 물러가 멸망하는 사람이 아닙니다. 앞으로 나아감으로써 "구원에 이르는 믿음을 가진"(히 10:39) 사람입니다

지속적으로 진보하는 사람들에게는 작은 것을 소중히 여기는 특징이 있습니다. 모든 위대한 것은 원래 작은 것이었습니다. 작은 것 속에 무한한 잠재력이 담겨 있습니다. 작은 씨앗 속에 엄청난 미래가 담겨 있습니다. 그들의 안목은 하나님의 안목을 닮았습니다. 하나님은 작은 겨자씨가 큰 나무

가 되는 비전을 보셨습니다.

마치 사람이 자기 채소밭에 갖다 심은 겨자씨 한 알 같으니 자라 나무가 되어 공중의 새들이 그 가지에 깃들였느니라 (눅 13:19)

우리는 작은 것을 통해 아름다운 성취를 이룬 사람들에게서 지혜를 배워야 합니다. 그러면 우리는 무엇을 해야 합니까?

첫째, 작은 변화를 시도하십시오. 자세를 조금만 바꿔도 느낌이 달라집니다. 미국 대학 역사상 가장 탁월한 코치 중 하나로 알려진 농구 감독 존 우든(John Wooden)의 말에 귀를 기울여 보십시오.

매일 조금씩 바꿔 나가라. 결국에는 큰 변화가 일어난다. 내일도 아니고 모레도 아니지만 결국에는 큰 것을 얻게 된다. 크고 빠르게 변하려고 하지 마라. 하루에 하나씩 작은 것부터 바꿔 나가라. 그 것만이 변화하는 유일한 방법이다. 그렇게 해야 지속할 수 있다.

마더 테레사는 "우리는 우리가 하고 있는 일이 바닷물에 물 한 방울을 떨어뜨리는 것에 불과하다고 생각한다. 하지만 그 물 한 방울이 없으면 그만큼 바닷물이 줄어들 것이다"라고 말했습니다.

둘째, 큰 목표를 작게 나누어 실행에 옮기십시오. 큰 목표를 신속하게 성취하기는 어렵습니다. 때로는 불가능하게 느껴집니다. 하지만 큰 목표를 작게 나누어 실행하면 어렵게 느껴지지 않습니다. 작은 목표를 달성하는 것이 축적되면, 마침내 큰 목표도 성취할 수 있습니다. 무엇이든 꾸준히 하는 것이 중요합니다. 꾸준히 하기 위해서는 작은 반복의 힘을 알아야 합니다. 미국의 임상심리학자 로버트 마우어(Robert Maurer)는 "목표를 달성하는 유일한 길은 작은 일의 반복이다"라고 말했습니다.

셋째, 작은 가능성에 도전하십시오. 작은 가능성 속에 거대한 미래가 담겨 있습니다. 작은 것을 반복하다가 낙심하지 마십시오. 스웨덴 과학자 알프레드 노벨(Alfred Nobel)은 "내가 가진 아이디어 1천 개 가운데 딱 하나만 성공하면, 그것으로 만족한다"라고 말했습니다. 작은 것은 잘 보이지 않습니다. 그러나 영국 속담에 "희망에 사는 사람은 음악이 없어도 춤춘다"라는 말이 있습니다. 믿음으로 작은 것을 바라보십시오. 작은 음성을 마음의 귀로 들으십시오. 절망을 포기하고, 희망을 가슴에 품으십시오.

넷째, "한 번 더"의 힘을 기억하십시오. 우리는 너무 쉽게 포기합니다. 저는 꿈을 성취하기 직전이 가장 힘들었습니다. 그때 필요했던 것은 "한 번 더"의 힘이었습니다. 한 번 더 기도하고, 한 번 더 노력하고, 한 번 더 도전할 때, 닫힌 문이 열리고, 새 길이 열립니다. 꿈이 성취됩니다. 모두가 멈추는 곳에서, 딱 한 걸음만 더 나아가십시오. 모두가 연습과 훈련을 멈추더라도, 조금 더 연습하고 훈련하십시오.

작은 것은 결코 작은 것이 아닙니다. 작은 시도, 작은 습관, 작은 몰입, 작은 미소, 작은 섬김, 작은 격려가 우리 미래를 아름답게 만듭니다. 작은 것을 소중히 여김으로써 아름다운 성취를 경험하시길 빕니다.

작은 한 걸음으로
먼 길을 갈 수 있습니다

하나님 나라는 겨자씨의 나라입니다. 하나님은 작은 겨자씨 속에 천국의 비밀을 담아 두셨습니다. 씨앗은 작지만, 그 속에 엄청난 미래를 담고 있습니다. 우리는 마음속에 작은 씨앗들을 품고 삽니다. 그것을 꿈 또는 소원이라고 말할 수 있습니다. 조금 구체적으로 표현하자면, 성취하고 싶은 목표라고 말할 수도 있습니다.

씨앗은 하룻밤 사이에 열매를 맺을 수 없습니다. 씨앗이 열매를 맺기까지는 오랜 기다림이 필요합니다. 꿈꾸는 사람들이 조심해야 할 것은 조급함입니다. 그리고 나태함입니다. 너무 조급해도 안 되며 또한 나태해도 안 됩니다. 우리 마음에 품은 작은 씨앗들이 언젠가 싹이 트고 꽃이 피고 열매를 맺는 것을 보게 될 것입니다.

아름다운 꿈은 하루아침에 이루어지지 않습니다. 그 꿈이 정말 가치 있고, 의미 있는 꿈이라면 더욱 그렇습니다. 새해가 되면, 많은 사람이 새로운 꿈을 꿉니다. 새로운 목표를 세우고, 그 목표를 달성하기 위해 도전합니다. 정말 소중한 일입니다. 설령 그 목표를 달성해 본 경험이 많지 않더라도 목표를 세운다는 것 자체만으로도 훌륭합니다. 왜냐하면 목표를 계속 세우다 보면 언젠가는 달성할 날이 올 것이기 때문입니다.

저도 해마다 새로운 목표를 세우곤 합니다. 그렇지만 그 목표를 다 이룰 수 있었던 것은 아닙니다. 그럼에도 해마다 목표를 세우는 습관을 갖다 보니 그것을 이룰 전략을 짜게 되었고, 마침내 목표를 달성하는 경험을 하기도 했습니다. 목표 달성의 기쁨을 맛본 후에는 또 다른 목표에 거듭 도전하게 되었습니다. 이런 과정을 통해 저는 목표를 설정하고, 달성하는 노하우를 익히게 되었습니다.

목표를 달성하기 위해 제가 배우고 익힌 노하우는 작은 것을 지속하는 것입니다. 너무 큰 보폭으로 걷다 보면 쉽게 지치고 맙니다. 처음에는 작게 시작해야 합니다. 중요한 것은 지속하는 것입니다. 작은 목표라도 달성하기 위해 지속적으로 노력하려면, 그 목표를 왜 달성해야 하는지를 스스로 상기해야 합니다. 목표가 얼마나 가치 있고 의미 있는가를 자신에게 가르쳐야 합니다. 또한 목표를 달성하면 어떤 유익을 얻게 될지를 알고, 되새길 줄 알아야 합니다. 가장 어려운 것은 자신을 설득하는 것입니다. 하던 일을 포기하고 싶은 자신을 설득하고, 자신에게 동기를 부여하는 것은 삶의 예술입니다.

저는 꼭 필요한 일임에도 그것을 하기 싫어하는 자신을 가끔 발견합니다. 목회자라고 언제나 에너지가 솟구치고, 어떤 목표를 세우든지 달성하는 것은 아닙니다. 목회자도 지극히 유한한 인간일 뿐입니다. 제게 가장 힘든 일은 저 자신을 설득하는 것입니다. 조급한 나, 나태해지려는 나, 포기하고 싶어 하는 나를 설득하는 것입니다. 낙심하는 나를 낙심하지 않도록 달래는 것입니다. 슬퍼하고 힘들어하는 나를 위로하고, 지친 나를 부둥켜안고 다시 일으키는 것입니다. 누구를 이기는 것보다 저 자신을 이겨 내는 일이 가장 어렵습니다. 그런데 언제부터인가 자신을 스스로 설득하고 이기는 법도 터득하게 되었습니다. 무릎을 꿇고 하나님께 도움을 청하는 것입니다. 하지만 항상 성공하는 것은 아닙니다.

설정한 목표를 달성하기 위해 저 자신을 움직이는 데 가장 도움이 되었던 것은 작은 것을 지속하도록 격려하는 것입니다. 너무 큰 것을 서둘러 도모하면 좌절하게 됩니다. 하지만 작은 것을 시도하는 것은 언제나 가능합니다. 제가 지금 쓰고 있는 이 글도 한 문장에서 시작된 것입니다. 한 문장, 한 문장을 조용히 써 내려 가다 보면, 결론에 이르게 됩니다.

작은 물방울이 계속 떨어지면, 바위를 뚫습니다. 작은 한 걸음이 모여 먼 길을 갈 수 있습니다. 작은 성취를 기뻐하십시오. 작은 시도를 할 때마다 자신에게 박수를 쳐 주십시오. 스스로에게 상을 주십시오.

작은 것을 끈기 있게 반복하는 것이 지혜입니다. 그것은 목표를 달성하는 비밀이며, 꿈을 성취하는 비결입니다. 현실이 어둡고 힘들어도 꿈을 마음에 품고 한 걸음씩 내디딜 줄 아는 사람은 위대한 사람입니다. 작은 한 걸음을 힘차게 내디딥시오.

일상의 작은 기회를
발견하십시오

작은 기회를 소중히 여기는 것이 지혜입니다. 사람들은 큰 기회를 기다리느라 작은 기회들을 수없이 흘려보냅니다. 왜 작은 기회를 소중히 여기는 것이 지혜일까요? 어떻게 작은 기회를 큰 기회로 키울 수 있을까요? 어떻게 하면 작은 기회 속에 담긴 비밀을 깨닫고, 그 기회를 포착할 수 있을까요?

첫째, 하나님은 작은 기회 속에 큰 기회를 감추어 두십니다. 지혜란 작은 기회 속에 담긴 무한한 잠재력을 볼 수 있는 통찰력입니다. 지혜로운 사람들은 작은 것을 소중히 여깁니다. 그 이유는 모든 위대한 것은 작게 시작된다는 원리를 깨닫고 있기 때문입니다. 거대한 탑도 작은 벽돌 한 장에서 시작됩니다. 높은 건물도 한 사람의 작은 생각 속에서 시작됩니다.

둘째, 하나님은 하루 삶 속에 작은 기회를 감추어 두십니다. 큰 기회는 눈에 쉽게 띄지만, 자주 나타나지 않습니다. 반면에 작은 기회는 눈에 쉽게 띄지는 않지만, 날마다의 삶 속에 감추어져 있습니다. 어떻게 해야 삶 속의 작은 기회를 발견할 수 있을까요? 그것은 주어진 일에 최선을 다하는 것입니다. 룻이 시어머니를 부양하기 위해 시작한 일은 이삭을 줍는 일이었습니다. 룻은 이삭을 줍는 일에 최선을 다하는 중에 보아스를 만났습니다.

기회의 크기보다 더 중요한 것은 주어진 기회를 최대한 선용하는 것입니다. 기회의 크기를 따지지 말고, 모든 기회를 선용하십시오. 하나님이 주신 모든 기회는 하나님의 선물입니다. 하나님이 주신 기회의 선물을 가지고 어떻게 최선을 다하느냐에 따라 그다음 역사가 전개됩니다. 우리 일상은 하나님이 주신 기회들로 가득 차 있습니다. 배울 기회, 훈련받을 기회, 사랑할 기회, 섬길 기회, 베풀 기회, 그리고 헌신할 기회로 가득 차 있습니다. 세계를 변화시키려고 하지 마십시오. 오늘 주어진 작은 기회를 찾아 주어진 일에 최선을 다하십시오.

셋째, 하나님은 기도를 통해 작은 기회를 깨닫게 하십니다. 기도하면 깨어 있게 됩니다. 깨어 있다는 것은 영의 눈이 열려 있다는 것입니다. 영의 눈이 열려 있을 때, 하나님이 예비해 두신 기회를 보게 됩니다. 특별히 고난 속에 담긴 기회를 보게 됩니다. 장애물 속에 담긴 기회를 보게 됩니다. 역경 속에 담긴 기회를 보게 됩니다.

하나님의 기회는 고난으로 변장하여 찾아올 때가 많습니다. 우리는 고난을 싫어합니다. 그런데 고난을 무작정 싫어하기만 하면, 그 속에 담긴 기회와 축복을 놓치게 됩니다. 기도하면 하나님의 아이디어를 얻습니다. 사람들은 명상을 통해 좋은 아이디어를 얻지만, 우리는 기도를 통해 하나님의 아이디어를 얻습니다. 좋은 아이디어와 하나님의 아이디어는 하늘과 땅만큼의 차이가 있습니다(사 55:9).

날마다 기도하는 중에 하나님이 일상에 담아 두신 작은 기회를 포착하십시오. 그 기회를 큰 기회로 만들기 바랍니다.

기다림은 낭비가 아닙니다

인생은 기다림의 연속입니다. 기다림은 동경(憧憬)입니다. 동경이란 무엇인가를, 누군가를 애타게 그리워하는 것입니다. 그런 면에서 기다림은 사랑의 절정입니다. 기다림은 그리움이요, 그리움이란 사랑하는 대상으로 충만해지는 느낌입니다. 기다림은 쉽지 않습니다. 우리의 본성은 조급함입니다. 잘 참지 못하고, 잘 견디지 못합니다. 결과를 빨리 보고 싶어 합니다. 조급함이 인간의 본성이라면, 하나님의 본성은 기다림입니다. 우리가 믿는 하나님은 오래 참고 기다리시는 분입니다.

기다림은 하나님이 우리에게 가르쳐 주기 원하시는 성품입니다. 왜냐하면 기다림을 통해 인생이 아름답게 만들어지기 때문입니다. 조급하게 만든 작품은 완성도가 별로 높지 않습니다. 아이가 태어나기까지는 10개월이 걸립니다. 좋은 작품은 완성하는 데 시간이 걸리는 법입니다.

아브라함이 기다리지 못하고 조급하게 낳은 아들이 이스마

엘입니다. 이스마엘은 애굽 여인 하갈을 통해 생산한 육의 열매입니다. 반면에 아브라함이 오래 참아 기다리는 중에 낳은 아들은 이삭입니다. 이삭은 하나님의 작품이요, 영의 열매입니다. 인류 구원의 길은 이삭을 통해 열렸습니다. 이삭의 후예로 오신 예수님을 통해 길이 열렸습니다. 기다림은 길을 엽니다.

홍해 바다 앞에 선 이스라엘 백성들은 길이 보이지 않았습니다. 길이 보이지 않아서 불안했습니다. 두려웠습니다. 혼란스러웠습니다. 그러나 모세만은 길을 여시는 하나님을 바라보았습니다. 길을 만드시는 하나님을 바라보았습니다. 중국 문학의 거성 루쉰(魯迅)의 말처럼 본래 이 땅에는 길이 없었습니다. 그런데 누군가가 길을 내고, 그 길을 따라 수많은 사람이 지나가자 이전에 없던 길이 만들어졌습니다. 길을 여는 사람은 개척자입니다.

하나님은 개척자이십니다. 광야에 길을 내시고, 사막에 강을 내시는 분입니다. 우리가 보지 못하는 길을 보시고, 우리가 알지 못하는 길을 만드시는 분입니다. 하나님은 홍해 바다 앞에서 아무도 보지 못하는 길을 보셨습니다. 하나님은 모세로 하여금 홍해를 향해 지팡이를 내밀고 기다리게 하셨습니다. 그것은 기도였습니다. 모세가 하나님을 앙망하며 기다리자 새벽에 길이 열렸습니다. 하나님이 길을 내신 것입니다. 기다렸더니 길이 열렸습니다.

기다림은 삶의 예술입니다. 기다릴 줄 안다면, 많은 문제를 줄일 수 있습니다. 많은 문제가 조급함 때문에 생깁니다. 조금만 참으면, 분노가 수그러듭니다. 조금만 참으면, 마음이 차분해집니다. 화를 풀기 위해서 던진 한마디가 큰 상처를 냅니다. 평생 상흔(傷痕)을 남기는 아픈 말이 될 수도 있습니다. 사실 화는 푸는 것이 아니라 달래야 합니다. 그 근본을 추적해서 어루만져 주어야 합니다.

우리 인생에는 예측하지 못하는 허리케인이 가끔 찾아옵니다. 허리케인이 찾아오면 누구나 그 허리케인을 맞이해야 합니다. 숨을 죽이며 잘 지나가도록 기다려야 합니다. 허리케인이 무섭지만 그래도 조금만 견디면 지나갑니다.

십자가는 기다리는 곳입니다. 하나님은 십자가를 오랫동안 기다리셨습니다. 십자가에서 아들을 희생시키기까지 오랫동안 기다리셨습니다. 하나님은 독생자 예수님이 십자가 위에서 고통을 당하시는 동안에 기다리셨습니다. 함께 슬퍼하시며 기다리셨습니다. 기다림의 시간이 끝났을 때, 부활의 길이 열렸습니다. 온 인류를 구원하는 길이 열렸습니다. 더러움을 씻는 보혈의 샘이 열렸습니다. 성령님의 생수가 열렸습니다. 기다림은 새롭고, 살길을 열어 줍니다.

하나님이 기다리시는 까닭은 은혜를 베푸시기 위함입니다. 성경은 기다리는 자가 복이 있다고 말씀합니다.

그러나 여호와께서 기다리시나니 이는 너희에게 은혜를 베풀려 하심이요 일어나시리니 이는 너희를 긍휼히 여기려 하심이라 대저 여호와는 정의의 하나님이심이라 그를 기다리는 자마다 복이 있도다 (사 30:18)

저는 기다림이 쉽지 않음을 경험했습니다. 그러나 하나님의 약속을 붙잡고 기다리면, 그동안 하나님이 우리를 위해 놀라운 일을 이루신다는 사실도 경험했습니다. 기다림은 낭비가 아닙니다. 기다림은 축복입니다. 그러므로 소망 중에 기다리십시오. 기도하는 중에 기다리십시오. 희망찬 미래를 준비하면서 기다리십시오. 기다리면 반드시 길이 열립니다. 밀물의 때는 반드시 옵니다. 겨울이 지나면 반드시 봄이 옵니다. 기다림은 사랑입니다.

잠재력을 발견하면
새로운 이야기를 쓸 수 있습니다

거북이가 짝짓기를 하고 모래 속에 알을 낳습니다. 한 번 알을 낳을 때 50개에서 200개의 알을 낳습니다. 연어 한 마리가 알을 낳으면, 3천 개 정도를 낳습니다. 도토리는 작은 씨앗이지만, 거대한 참나무로 자랍니다. 도토리 한 알이 몇 그루의 나무로 자랄지는 아무도 모릅니다. 오직 하나님만 아십니다. 하나님은 자연 속에 엄청난 잠재력을 담아 두셨습니다. 하나님은 인간 안에 거대한 잠재력을 담아 두셨습니다. 가장 놀라운 잠재력은 인간 안에 담아 두셨습니다. 하나님의 형상을 따라 인간을 만드신 이유입니다.

어머니의 자궁에서 잉태될 때, 우리는 모두 작은 씨앗에 불과했습니다. 작은 씨앗이 점점 성장해서 아이가 되고, 어른이 된 것입니다. 저는 잠재력에 관심이 많습니다. 하나님이 저의 잠재력을 발견하도록 도우시고, 그것을 발휘하도록 도와주셨기 때문입니다. 저의 관심은 만나는 사람마다, 그의 안에 있는 잠재력을 발견하도록 도와주는 것입니다. 또 그것을 개발하도록 도와주는 것입니다.

타락 이후 인간 안에는 죄의 경향성이 잠재해 있습니다. 그러나 하나님의 은혜가 그런 파괴적 가능성을 정결케 하고, 선한 가능성이 피어나도록 도우십니다. 지옥은 나쁜 잠재력이 극대화되는 곳입니다. 천국은 좋은 잠재력이 극대화되는 곳입니다. 마귀는 나쁜 잠재력을 극대화하고, 하나님은 좋은 잠재력을 극대화하십니다. 나쁜 만남은 나쁜 잠재력을 드러내게 만들고, 좋은 만남은 좋은 잠재력을 드러내어 키우도록 도와줍니다. 그래서 좋은 만남이 은혜이자 축복입니다.

잠재력이란 무엇입니까? 아직 실현되지는 않았지만, 이미 존재하는 능력이나 가능성을 의미합니다. 잠재력은 하나님이 각 사람 안에 심어 두신 미개발된 능력입니다. 아직 표현되지 않은 재능입니다. 완성되지 않은 가능성입니다. 잠재력은 영어로 포텐셜(potential)입니다. 이는 라틴어 포텐티아(potentia)에서 유래했습니다. '능력과 재능과 용량'이란 뜻을 내포하고 있습니다. 바로 우리 안에 감춰진 거대한 힘을 의미합니다.

바울은 하나님의 자녀는 선한 일을 위해 지음을 받았다고 증언합니다. "우리는 그가 만드신 바라 그리스도 예수 안에서 선한 일을 위하여 지으심을 받은 자니"(엡 2:10상). 새 번역은 "우리는 그가 만드신 바"를 "우리는 하나님의 작품입니다"로 번역했습니다. 우리와 우리 자녀는 하나님의 걸작품(God's masterpiece)입니다. 상품은 다량으로 생산되지만 작품은 하나씩 창조됩니다. 작품은 독특합니다. 비교 불가능합니다.

부모의 가장 큰 실수는 자녀를 상품으로 여기고 다른 자녀와 비교하는 것입니다. 자녀는 비교될 때 낙심하고 좌절합니다. 반면에 부모가 자녀를 하나님의 걸작품으로 믿고 기대하면, 자녀는 건강하게 성장합니다. 자녀 안에는 무한한 잠재력이 담겨 있으므로, 함부로 판단하거나 속단해서는 안 됩니다. 끝나기 전까지는 끝난 것이 아닙니다. 자녀의 미래는 밝습니다. 부모가 할 일은 자녀를 신뢰하는 것입니다. 잘 성장할 수 있도록 환경을 조성해 주는 것입니다.

잠재력은 잘 보이지 않는다는 특징이 있습니다. 겉으로 드러나지 않고, 깊이 숨어 있습니다. 잠재력은 내재된 능력입니다. 교육과 훈련과 도전을 통해 서서히 드러납니다. 잠재력은 발전 가능성을 의미합니다. 잠재력은 개발될수록 더욱 확장됩니다. 또한 잠재력은 하나님의 선물입니다. 하나님이 각 사람에게 주신 사명과 목적을 성취하도록 주신 선물입니다.

잠재력은 사용하지 않으면 소멸됩니다. 바하마의 마일스 먼로(Myles Munroe) 목사는 "무덤은 세상에서 가장 부요한 곳이다. 그 이유는 사용되지 않은 잠재력으로 가득 차 있기 때문이다"라고 말했습니다.

어떻게 해야 잠재력을 발견할 수 있을까요? 우선, 좋은 만남을 통해 잠재력을 발견할 수 있습니다. 누군가가 내가 잘하는 것이 무엇인지를 말해 줍니다. 또는 내가 잘할 수 있을 것같은 재능을 말해 줍니다. 그런 과정을 통해 잠재력이 서서히 발견됩니다. 자신 안에 있는 열정과 관심과 잘하는 것 또는 잘 배우고, 쉽게 배우고, 계속 배우고 싶은 것을 통해서도 드러납니다.

제 안의 잠재력은 목양, 가르침, 글쓰기, 영성, 리더십, 멘토링의 영역에 있었습니다. 이는 좋은 만남과 칭찬과 격려, 그리고 놀라운 기회를 통해 발견되고 성장해 왔고, 또한 고난과 실패를 통해 발견되고 개발되어 왔습니다. 때로는 우리가 생각지 못했던 임무와 역할을 통해 잠재력이 드러납니다.

그러므로 어떤 일이 주어졌을 때, 순종하는 것이 지혜입니다. 순종하는 과정을 통해 자신 안에 감춰진 잠재력을 발견할 수 있기 때문입니다. 어떤 잠재력은 나이가 들고 나서야 발견되기도 합니다. 그런 까닭에 자신의 생애를 속단하거나 과소평가해서는 안 됩니다. 아직도 얼마든지 새로운 이야기를 쓸 수 있습니다.

하나님이 담아 주신 잠재력을 개발한 후에는 하나님과 이웃을 섬기는 일에 사용해야 합니다. 하나님이 주신 재능과 은

사와 잠재력은 하나님의 영광을 위해 사용될 때 가장 아름답습니다. 이웃을 섬기는 일에 사용될 때 더욱 빛납니다.

하나님이 당신 안에 심으신 잠재력의 씨앗은 지금 어떤 모습으로 자라고 있습니까? 그 씨앗을 개발하는 가장 좋은 길은 꾸준한 학습과 깊이 있는 독서입니다. 도토리가 참나무로 자라듯, 당신 안의 씨앗도 하나님의 때에 아름답게 자라날 것입니다. 하나님이 허락하신 잠재력을 발견하고, 개발하고, 나누며 이 세상을 아름답게 가꾸어 가십시오. 그리하여 하나님께 큰 영광을 돌리시길 바랍니다.

감사를 배우며
어른으로 성장합니다

나이가 들어가면서 근육의 중요성을 배웁니다. 근육 부자가 진짜 부자라고 말하는 분도 있습니다. 근육은 노년의 통장이라고 합니다. 근육을 잘 쌓아 두면 인생 후반기까지 삶의 질을 지켜 주는 자산이 됩니다.

왜 의사들은 근육을 강조하는 것일까요? 첫째, 근육이 바로 힘의 원천이기 때문입니다. 근육은 우리 몸을 세우고, 움직이게 하는 기초 에너지의 공급원입니다. 강한 근육은 관절을 안정시켜 부상 위험을 낮춥니다. 근력이 좋아지면, 움직이는 힘과 속도와 지구력이 향상됩니다. 근육량이 많을수록 지방 연소와 건강한 체중을 유지하는 데 도움이 됩니다.

둘째, 근육을 통해 유연성을 개발할 수 있기 때문입니다. 무엇이든 딱딱하면 부러지기 쉽습니다. 유연하고 부드러울수록 좋습니다. 진정한 강함은 유연함 속에 있습니다. 또한 유연함이 강함을 지탱합니다. 저는 부드럽고 따뜻한 것을 좋아합니다. 살아 약동하는 것은 부드럽고 따뜻합니다. 겨울은 차갑고 경직되지만, 봄은 따뜻하고 유연하여 생명으로 하여금 돋아나게 합니다. 그래서 봄이 되면, 꽃이 만발하고 만물이 약동하는 것을 봅니다.

셋째, 근육이 견딜 힘을 제공해 주기 때문입니다. 근육과 견딤은 동행하는 친구입니다. 견딤은 지구력을 의미합니다. 마라톤에서 중요한 것은 근육과 더불어 지구력입니다. 무언가를 성취하는 데 필요한 것은 견딤입니다. 무언가를 성취하는 과정에서 포기하고 싶은 순간이 찾아올 때, 그 고비를 넘기는 데 필요한 것이 견딤입니다. 힘든 순간을 견딜 때, 근육이 더욱 강화됩니다. 견딤을 통해 좋은 결과를 맺게 됩니다.

견딤은 아름다운 관계를 유지하고 발전시키는 데 필수입니다. 아름다운 공동체를 형성하는 일은 절대 쉽지 않습니다. 왜냐하면 공동체를 형성하는 과정에서 갈등을 경험하기 때문입니다. 갈등이 반드시 나쁜 것은 아닙니다. 우리는 갈등을 통해 서로를 더 깊이 이해하고, 갈등을 통해 서로를 더 소중히 여기게 됩니다. 갈등을 통해 존중하는 법을 배웁니다. 갈등을 통해 더욱 성숙한 사람이 되기도 합니다. 갈등을 통해 사랑의 기술을 더하고, 소통의 지혜를 익힙니다.

사도 바울은 "사랑은 오래 참고 사랑은 온유하며 시기하지 아니하며 사랑은 자랑하지 아니하며 교만하지 아니하며 무례히 행하지 아니하며 자기의 유익을 구하지 아니하며 성내지 아니하며 악한 것을 생각하지 아니하며 불의를 기뻐하지 아니하며 진리와 함께 기뻐하고 모든 것을 참으며 모든 것을 믿으며 모든 것을 바라며 모든 것을 견디느니라"(고전 13:4-7)라고 말했습니다. 원만한 결혼 생활과 아름다운 인간관계의 비밀은 오래 참고 견디는 데 있습니다.

그러므로 몸의 근육만 중요한 것이 아니라 감사의 근육도 중요합니다. 〈인생 수업〉이란 주제로 말씀을 전하는 중에 '감사 수업'은 인생 수업의 정점이었습니다. 감사를 배우며 어른으로 성숙해 가기 때문입니다. 감사는 행복의 비밀입니다. 자족의 비밀입니다. 감사는 회복 탄력성입니다. 감사는 고난에 의미를 부여하는 능력입니다. 감사는 기적을 창조합니다. 감사는 좋은 관계를 형성하는 지혜입니다. 감사는 역전의 능력입니다. 성경은 "감사로 제사를 드리는 자가 나를 영화롭게 하나니"(시 50:23)라고 말합니다. 감사는 곧 하나님께 드리는 예배의 핵심입니다.

그런데 가장 힘든 감사가 있습니다. 바로 "범사에 감사"(살전 5:18)하는 것입니다. 범사 감사하기란 결코 쉬운 일이 아닙니다. 감사할 수 있을 때 감사하는 것은 누구나 할 수 있는 일입니다. 하지만 어려운 일을 만났을 때 감사하기란 쉽지 않습니다. 감사할 수 없는 상황에서도 감사하는 것이야말로 범사에 감사입니다.

범사에 감사하기 위해서 키워야 하는 감사의 근육이 있습니다. 첫째, 생각의 근육을 키워야 합니다. '감사하다'라는 뜻의 영어 단어 땡크(thank)와 '생각하다'라는 뜻의 띵크(think)는 어원이 같습니다. 생각을 깊이 할 줄 알아야 감사할 수 있다는 의미입니다. 하나님과 사람에게 받은 은혜를 깊이 생각할 줄 알아야 감사할 수 있습니다.

둘째, 안목의 근육을 키워야 합니다. 감사하는 사람은 모든 상황 속에서 감사 제목을 찾아냅니다. 어떤 환경에서도 좋은 것을 찾아냅니다. 좋은 것을 찾아내는 안목의 근육을 키우면, 인생이 행복해집니다. 좋은 것들이 계속해서 눈에 들어오기 때문입니다. 같은 장소에서도 어디를 보며, 무엇을 보며, 어떻게 보느냐에 따라 모든 것이 달라집니다.

두 사람이 감옥에 들어갔습니다. 한 사람은 창밖의 진흙땅을 내려다보며 원망하고 불평했고, 다른 한 사람은 창밖의 하늘과 밤의 별을 올려다보며 시를 썼습니다. 똑같은 장소에 있다고 같은 것을 보는 것이 아닙니다. 감사하면, 고난 중에 숨겨진 의미를 발견할 수 있습니다.

셋째, 감사를 표현하는 근육을 키워야 합니다. 감사하는 마음만 가져서는 안 됩니다. 감사를 표현해야 합니다. 조금 어색해도 감사를 표현할 때, 그 능력을 경험할 수 있습니다. 종은 울리기까지 종이 아니라는 말이 있습니다. 종이 존재하는 이유는 종소리를 내기 위해서입니다. 감사하는 마음으로 멈춰서는 안 됩니다. 종이 종소리를 내듯이 감사를 표현할 때 감사가 선물하는 풍성한 복을 누리게 됩니다.

감사의 근육은 생각의 근육, 안목의 근육, 표현의 근육을 통해 길러집니다. 이 세 가지 훈련이 어우러질 때, 우리는 어떤 상황에서도 감사할 수 있는 성숙한 신앙인으로 자라가게 됩니다. 감사의 근육을 키우는 길은 날마다 감사 일기를 쓰는 것입니다. 감사 일기는 하나님과의 동행을 기억하는 믿음의 기록입니다. 작은 감사를 적는 일이 큰 기적의 문을 여는 열쇠가 됩니다. 감사 내용을 다른 사람들과 나누십시오. 날마다 감사로 하루를 시작하고, 감사로 하루를 마감하십시오. 그때 감사 근육이 튼튼해집니다.

감사의 눈으로 세상을 바라보고, 감사의 입술로 사랑을 흘려보내는 하루가 되시길 축복합니다.

날마다 찾아오는 행복을
환영하십시오

제 삶의 비밀이 있다면 그것은 날마다 새롭게 시작하는 것입니다. 날마다 새롭게 시작하는 비밀은 작은 것을 소중히 여기는 것입니다. 우리는 하루아침에 성공하려고 하고, 하루아침에 부자가 되려고 합니다. 하루아침에 책을 완성하려고 합니다. 하지만 그런 일은 없습니다. 그것은 하나님의 원리가 아닙니다. 그런 생각을 집어넣어 우리를 유혹하는 것은 마귀입니다. 하나님의 원리는 씨앗의 원리입니다. 농작의 원리입니다. 작은 것을 소중히 여기는 원리입니다.

오래전에 저명한 복음 전도자 T. L. 오스본(Tommy Lee Osborn) 목사를 만난 적이 있습니다. 그는 놀라운 기적을 통해 선교하는 전도자입니다. 그가 아프리카에서 말씀을 전할 때 놀라운 기적이 일어나는 것을 본 적이 있습니다. 그에게 젊은 목회자들을 위해 한마디 조언해 주길 부탁했습니다. 그러자 "씨앗의 원리를 기억하십시오"라고 말해 주었습니다. 저는 그가 엄청난 능력을 행할 비밀을 가르쳐 줄 줄 알았습니다. 그런데 기대와 달리 씨앗의 원리를 소중히 여기라는 조언을 해 준 것입니다.

우리는 조급한 나머지 작은 것을 소홀히 합니다. 날마다 작은 것들을 실천하는 것을 가볍게 여깁니다. 하지만 하나님의 지혜는 작은 것 속에 담겨 있습니다. 날마다 조금씩 지속하고 반복하는 것 속에 담겨 있습니다. 작은 것을 소중히 여기고 날마다 작은 것들을 실천할 때 어느 날 놀라운 일들이 성취되는 것을 경험하게 됩니다.

인생은 단거리 경주가 아닙니다. 인생은 마라톤과 같습니다. 인생은 목적지를 향해 긴 여행을 떠나는 것과 같습니다. 중요한 것은 날마다 한 걸음씩 성실하게 내딛는 것입니다. "가장 힘든 길을 가려면 한 번에 한 발씩만 내디디면 된다. 단, 계속해서 발을 움직여야 한다"라는 중국 속담이 있습니다. 한 걸음씩 나아가십시오. 그러나 계속해서 발을 움직여야 합니다.

작은 것을 소중히 여긴다는 것은 소중한 일에 집중한다는 뜻입니다. 지혜는 집중에 있습니다. 한 사람이 모든 것을 이룰 수는 없습니다. 지혜로운 사람은 핵심을 간파하고 핵심을 파고들 줄 압니다. 핵심으로 '파고드는 것'은 반드시 해야만 하는 소중한 일에 집중하는 것을 의미합니다. 가장 소중한 것을 찾아내어 가장 소중한 것에 집중하는 것입니다. 지혜는 소중한 것을 소중히 여기는 것입니다. 소중히 여기는 것에 집중하는 것입니다. 소중한 것은 시간이 오래 걸립니다. 핵심은 오랜 시간입니다.

지식이 풍부한 사람이 있다면, 그것은 오랜 시간에 걸쳐 배운 결과입니다. 지혜가 풍부한 사람이 있다면, 그것은 오랜 시간에 걸쳐 터득한 결과입니다. 탁월한 기술을 가진 사람이 있다면, 그것은 오랜 시간에 걸쳐 갈고 닦은 결과입니다. 위대한 일을 성취한 사람이 있다면, 그것은 오랜 시간에 걸쳐 완수한 결과입니다. 돈이 많은 사람이 있다면, 그것은 오랜 시간에 걸쳐 번 결과일 것입니다. 훌륭한 성과는 동시다발적으로 일어나는 것이 아니라 오랜 시간에 걸쳐 순차적으로 일어납니다. 시간이 흐르면서 작은 것들이 쌓이다 보면, 어느 날 놀라운 결과가 만들어집니다.

행복도 하루하루 쌓입니다. 오늘 찾아온 작은 행복을 환영하십시오. 작은 행복에 감사하십시오. 작은 행복을 누리십시오. 그때 그 작은 행복이 미래의 행복에 영향을 끼칩니다. 오늘 찾아온 작은 행복을 무시하면, 우리는 행복의 맛을 모른 채 살아갈 수밖에 없습니다. 하나님은 행복을 보잘것없이 작은 것 속에 감추어 두셨습니다. 그래서 작은 행복을 무시하는 사람은 불행 속에 살아갑니다. 반면에 작은 행복의 맛을 아는 사람은 더 깊은 행복의 맛을 경험하게 됩니다.

날마다 새롭게 시작한다는 것은 날마다 과거를 떠나는 것을 의미합니다. 돌이킬 수 없는 과거로부터 날마다 떠나십시오. 그리고 날마다 새롭게 선택하십시오. 새롭게 시작하십시오. 결단이란 무엇인가를 떠나는 행위입니다. 결단한다는 것은 과거로부터 떠나는 것입니다. 과거의 잘못된 인연으로부터 떠나는 것입니다. 과거를 떠나 새롭게 시작하기 위해서는 용기가 필요합니다. 이별하는 용기가 필요합니다.

아브라함은 갈대아 우르와 이별하고, 친척들과 이별했습니다. 그가 이별할 때 필요했던 것은 결단하는 용기였습니다. 하나님의 말씀에 순종하여 "갈 바를 알지 못하고"(히 11:8) 믿음으로 나아갔습니다. 그는 갈대아 우르를 떠나 하나님이 인도하시는 땅으로 한 걸음씩 전진했습니다. 한 걸음씩 전진하는 중에 마침내 가나안 땅에 도착했습니다. "가나안 땅으로 가려고 떠나서 마침내 가나안 땅에 들어갔더라"(창 12:5 하). 긴 여정을 떠나 '마침내' 가나안 땅에 들어간 것입니다.

날마다 말씀을 가까이하십시오. 날마다 기도하십시오. 날마다 조금씩 배우십시오. 날마다 소중한 일에 집중하십시오. 날마다 새롭게 시작하는 지혜를 통해 풍성한 삶을 사시길 빕니다.

소박한 행복에 감사하십시오

저는 여러분이 행복했으면 좋겠습니다. 저는 행복한 목회자입니다. 행복한 목회자가 행복한 성도를 만듭니다. 그래서 저는 행복한 목회자가 되기로 선택했습니다. 행복은 선택입니다. 어떻게 행복이 선택으로 결정되느냐고 물으실 것 같습니다. 행복이 선택인 까닭은 행복은 마음먹기에 달려 있기 때문입니다.

미국 제16대 대통령 에이브러햄 링컨(Abraham Lincoln)의 어린 시절과 개인의 삶을 연구해 보면 결코 행복할 수 없는 사람이었습니다. 링컨은 9살에 어머니가 돌아가셨습니다. 그는 새어머니 밑에서 성장했습니다. 19세 때 누이의 죽음을 경험했고, 27세 때 약혼녀의 죽음을 지켜봐야 했습니다. 사업에 두 번 실패했습니다. 각종 선거에서 일곱 번이나 실패했습니다. 나중에 결혼한 아내는 링컨을 죽을 때까지 괴롭혔습니다. 아들 넷을 두었지만, 그중 셋은 성인이 되기 전에 죽었습니다. 링컨은 심한 우울증에 시달리며 살았습니다. 그의 얼굴에는 우울함의 그늘이 깃들어 있습니다. 자살 가능성을 염려할 정도였습니다. 그런 까닭에 칼이나 총을 몸에 지니고 다니지 않았습니다. 그럼에도 불구하고, 그는 결국 미국 역사상 가장 존경받는 대통령이 되었습니다. 그가 남긴 행복에 대한 명언을 자주 생각합니다.

대부분의 사람은 자신이 마음먹은 만큼 행복하다.
_에이브러햄 링컨

행복하게 사는 비결은 소박한 행복을 추구하는 것입니다. 너무 큰 것, 너무 화려한 것, 너무 대단한 것을 행복의 목표로 삼으면 행복하기 어렵습니다. 행복의 목표를 소박하게 정하면 날마다 행복할 수 있습니다. 오늘 살아 있다는 것만으로 행복할 수 있습니다. 왜냐하면 어제 세상을 떠난 사람이 그토록 원했던 오늘을 우리는 살고 있는 까닭입니다. 숨쉬는 것, 들을 수 있는 것, 볼 수 있는 것, 혼자서 걸을 수 있는 것에 대해 감사한 적이 있으신지요. 어떤 사람들에게는 우리가 당연하게 여기는 것들을 기적이라고 생각합니다.

한때 저는 공황장애로 고생한 적이 있습니다. 폐소공포증으로 고생했습니다. 폐소공포증이란 좁은 공간에 갇혀 있는 상황에 대한 극심한 두려움과 불안감을 느끼는 심리 상태를 말합니다. 가장 고통스러운 것은 비행기를 타고 집회를 다닐 때입니다. 말씀을 전하는 사명을 완수하기 위해, 비행기를 타고 집회 장소를 향해 떠날 때마다 힘이 들었습니다. 그때 저는 사람들이 비행기를 타고 평안히 앉아 있는 것이 기적처럼 느껴졌습니다.

저는 폐소공포증이 있었지만, 비행기 타는 것을 포기하지 않고 거듭 도전했습니다. 신비롭게도 비행기가 이륙해서 비상하면 그 두려움이 사라졌습니다. 아마 제 뇌에서 "이제는 두려워해도 소용없다"라고 스스로 사인을 보내는 것 같았습니다. 사람은 약하지만 질깁니다. 쉽게 무너지지 않습니다. 저는 연약함 때문에 더욱 하나님께 기도했습니다. 더욱 하나님을 의지했습니다. 두 손을 펴고 제 생명을 하나님께 맡기곤 했습니다. 그런 과거의 아픔 때문에 저는 요즈음 비행기를 탈 때마다 기적을 경험하며 행복해합니다.

나태주 시인의 〈행복 2〉라는 시를 좋아합니다.

저녁때
돌아갈 집이 있다는 것

힘들 때
마음속으로 생각할 사람 있다는 것

외로울 때
혼자서 부를 노래 있다는 것

소박한 행복입니다. 나태주 시인의 시를 저 나름대로 개작(改作)해 보았습니다.

죽을 때
돌아갈 하나님 아버지의 집이 있다는 것

힘들 때
마음속으로 생각할 예수님이 계시다는 것

외로울 때
혼자서 부를 찬송 있다는 것

이것이 저의 행복입니다.

소박한 행복을 추구하면 감사가 넘치게 됩니다. 소박한 행복은 자족에 있습니다. 진정한 부요함은 자족하는 데 있습니다. 플라톤은 "가장 큰 부는 적은 것에 만족하며 사는 것이다"라고 말했습니다. 조금만 마음을 비우면 우리는 자족하며 살 수 있습니다. 어떠한 형편에든지 예수님 안에서 자족한다면 행복하게 살 수 있습니다. 사도 바울은 "내가 궁핍하므로 말하는 것이 아니니라 어떠한 형편에든지 나는 자족하기를 배웠노니 나는 비천에 처할 줄도 알고 풍부에 처할 줄도 알아 모든 일 곧 배부름과 배고픔과 풍부와 궁핍에도 처할 줄 아는 일체의 비결을 배웠노라"(빌 4:11-12)라고 고백한 바 있습니다.

소박한 행복에 감사할 줄 아는 것이 영적 훈련입니다. 기쁨만이 아니라 슬픔에 담긴 하나님의 뜻을 깨닫는 것이 영적 훈련입니다. 영적 성숙이란 기쁨과 슬픔을 함께 끌어안을 줄 아는 것입니다. 인생의 그림자도 사랑할 줄 아는 것이 영적 성숙입니다.

행복은 신비입니다. 행복에 집착하면 행복은 우리 곁을 떠납니다. 반면에 범사에 감사하고, 어려운 이웃을 섬길 때 집 떠난 행복이 다시 찾아옵니다. 찰스 스펄전은 "행복은 우리가 소유한 것이 아니라 우리가 감사하는 것에 의해 만들어진다"라고 말했습니다.

감사가 행복을 낳습니다. 작은 것에 감사하십시오. 이미 소유한 것에 감사하십시오. 행복은 작지만 이미 소유한 것을 누리는 데 있습니다. 범사에 감사하며 이미 주어진 것에 자족하면 좋겠습니다.